仗剑千年辛弃疾

周舒 —— 著

山东城市出版传媒集团·济南出版社

图书在版编目（CIP）数据

仗剑千年辛弃疾 / 周舒著. —济南: 济南出版社,
2021.7（2023.4重印）

ISBN 978-7-5488-4756-4

Ⅰ.①仗… Ⅱ.①周… Ⅲ.①辛弃疾（1140-1207）
-生平事迹 Ⅳ.①K825.6

中国版本图书馆CIP数据核字(2021)第138925号

出 版 人	田俊林
责任编辑	朱 琦 代莹莹
装帧设计	胡大伟
出版发行	济南出版社
地 址	济南市市中区二环南路1号（250002）
发行电话	（0531）86131729 86131746
	82924885 86131701
印 刷	济南新先锋彩印有限公司
版 次	2021年7月第1版
印 次	2023年4月第2次印刷
成品尺寸	130 mm×185 mm 32开
印 张	9.75
字 数	180千
定 价	68.00元

（济南版图书，如有印装质量问题，请与印刷厂联系调换）

凭谁问英雄

作为一个南京人，我对辛弃疾最初的记忆乃是那一
阕《水龙吟·登建康赏心亭》：

> 楚天千里清秋，水随天去秋无际。遥岑远目，献
> 愁供恨，玉簪螺髻。落日楼头，断鸿声里，江南游子。
> 把吴钩看了，栏杆拍遍，无人会，登临意。
> 休说鲈鱼堪脍，尽西风，季鹰归未？求田问舍，
> 怕应羞见，刘郎才气。可惜流年，忧愁风雨，树犹如此！
> 倩何人唤取，红巾翠袖，揾英雄泪？

那时节，我连赏心亭究竟在南京城何处都不知道，
也不在乎那座亭子会是什么模样，但是，透过纸上的词
章，便仿佛能看见一个英豪男儿的背影，站立楼头之上，
眼前是滚滚不尽的长江。

他的胸怀必然是阔朗的，所见的世界都需要极目远
眺；他的气魄必定是豪迈的，所以才会拍遍栏杆看吴钩。
然而，他的情愫却是深深的孤寂，甚至透着一种沉重伤
感，让人情不自禁地要为之一叹。而他，反将那点暗洒

的英雄泪，交付给了红巾翠袖的温婉。

所以，辛弃疾注定是豪放而多情的。

辛弃疾的许多词章都是费解的，尤其是对于年少之人。他是那么地喜欢用典，看来不过简简单单的词句，内里的深意却要慢慢去解读，去探寻。如果想要尝试着将这些词意阐释出来，便又会发现，而今的白话是那样苍白无力，一切都只可意会，不可言传。

这就像是辛弃疾的人生。

中国的历史中并不缺少英雄，但像辛弃疾这样的词坛飞将却是独一无二的。这一切，应当是天性使然。

有人说，辛弃疾出生于沦陷后的中原，故而他自幼便立下征战沙场、恢复中原的壮志，要成为一个战功赫赫的将领。只不过，南宋朝廷的疲弱无能使其理想落空，辛弃疾才转而于词坛上开疆拓土。

辛弃疾曾两度参加金国的科考，尝试走正常的仕途之路。也许，在尚未看到南归朝廷的希望前，辛弃疾并没有想过要真的成为沙场征伐之人，他的骨子里纯是中原士子的傲然，只是带着些少年横槊的豪气。

世人都崇敬辛弃疾的爱国情怀，他雄奇刚健的词作里透着英雄的豪迈。然而，辛弃疾一定是个脾气很大的人，甚至发怒时就像一头青兕，令人望而生畏。如果不是心志坚定者，恐怕很难与之成为挚友，而他也注定会在那个颓靡保守的时代遭受到更多的打击。可是辛弃疾始终保持着一份刚硬。

世人也会喜爱辛弃疾的田园清新，在那些陌上柔桑、溪头荠菜的春色里，看到一个山居词人的快乐。但是，辛弃疾从不会掩饰自己渴望东山再起的心境。在三仕三已的官场生涯中，他未必总是坦然的，但他的胸怀却足够坦荡。

所以，想要认识辛弃疾并不是一件很难的事情。即便他的生命已经消逝了八百余年，可只要细细品味他的诗词文章，阅读那厚厚青史中与之相关的文字，我们便会看见一个眼光有棱、背胛有负的中原男儿，一个精神如虎、豪气如云的稼轩先生辛弃疾。

兩郭烟村白水環迷
雜紅葉間蒼山恍閴谷
口清猿喉良巘秋光想
像間　御題

〔宋〕赵佶　溪山秋色图

目 录

第六章　破阵子——廉颇老，挑灯看剑志未哀

目 录

鹧鸪天

——擒叛贼，词坛飞将少年行

病势沉沉的辛弃疾写下这阕词，他想珍惜人生最后光阴里的每个刹那，此时光景才真正价值千金。他环顾着自己最后栖息的山野家园，回忆起这一生游山玩水，读书研史，如痴如狂，也算是心满意足。至于那些人心巧拙、官场沉浮，他都懒得再去计较。如果可以，他唯一想做的，就是将自己的经历从头记起，哪怕当作一则笑话写入书中，总会有人看见他那颗热切的赤子之心，明白他这辈子做了些什么，知道他是谁。

第一章

鹧鸪天·不寐

老病那堪岁月侵，霎时光景值
千金。一生不负溪山债，百药
难治书史淫。随巧拙，任浮沉，
人无同处面如心。不妨旧事从
头记，要写行藏入笑林。

［宋］刘松年　山馆读书图

不妨旧事从头记，要写行藏入笑林

此间光阴，当是宋宁宗开禧三年（1207）的初秋。虽然饶州铅山（今江西上饶市铅山县）气候温暖，但只要经过一场秋雨，便也黄叶飘飘、西风阵阵了。

日色将暮，县城以东二十多里的一片山野乡村里，炊烟都已淡去，鸡鸣犬吠之声也已悄然。山林环绕间，除了许多寻常的茅屋草舍，更有一处白墙黑瓦的别墅庄园。这庄园依着山，临着水，房舍静雅，亦颇得山野之趣，令人惊叹构筑者的巧思。

廊庑之下，一位垂垂老矣的先生望着即将坠落的夕阳，久久沉吟。微风吹拂起他的一缕雪白的髭须，他不觉捋须一叹，却惹起一阵喘咳，使得他胸背生疼。

美人迟暮英雄老，这大约是世人都躲不过的命运。

老者忽然想起数十年前在滁州（今安徽滁州）的一个春日清明，他作词为好友范倅庆贺生辰，意气昂扬地呼喊着"青春元不老""待与青春斗长久"。他又想起更久远的少年时光，虽然满腔斗志，偏偏"爱上层楼，为赋新词强说愁"。

而今，老者年近古稀，尝尽了愁滋味，也历尽了凉秋。他心里或许会感慨少年时的莽撞无知，但却从不为之后悔。岁月沉浮，都是上天赐予的经历与感悟，他要做的，是学会接纳，学会慨然对待。

鹧鸪天·不寐

老病那堪岁月侵，霎时光景值千金。一生不负溪山债，百药难治书史淫。

随巧拙，任浮沉，人无同处面如心。不妨旧事从头记，要写行藏入笑林。

于是，病势沉沉的老者写下这阕词，他想珍惜人生最后光阴里的每个刹那，此时光景才真正价值千金。他环顾着自己最后栖息的山野家园，回忆起这一生游山玩水，读书研史，如痴如狂，也算是心满意足。至于那些人心巧拙、官场沉浮，他都懒得再去计较。如果可以，他唯一想做的，就是将自己的经历从头记起，哪怕当作一则笑话写入书中，总会有人可以看见他那颗热切的赤子之心，明白他这辈子做了些什么，知道他是谁。

他是大宋词坛的飞将军——辛弃疾。

［宋］佚名 溪山苍翠图

　　宋高宗绍兴十年（1140）五月，金国四太子完颜兀术发动政变，实掌朝政。在他的一力劝进之下，初登皇位的金熙宗完颜亶废除对宋和议，兵分四路，南下侵宋。

　　完颜兀术率精兵十余万人直抵汴京（今河南开封），以山东聂儿孛堇和河南李成为左右翼向两淮进军；右副元帅完颜撒离喝统帅西路军，从同州（今陕西渭南大荔县）攻陕西。莽莽中原，一时沦为战场，喊杀不绝，哀鸿遍野。

当时，宋高宗在秦桧等主和派权臣的教唆下，一直不愿主动还击。直到金军兵临顺昌（今安徽阜阳），宋高宗这才惶恐不已，传旨岳飞发兵救援。于是，岳飞、韩世忠、张俊、李若虚等朝中干将奋起杀敌，连连挫败金军攻势，一路挺进中原。

谁承想，正当万千百姓翘首盼望恢复中原旧河山的时候，宋高宗的十二道金牌击碎了国人的壮志豪情。令金兵闻风丧胆的岳飞只能愤惋泣下，"十年之力，废于一旦""乾坤世界，无由再复"。

正是在这风雷激荡、山河恸哭的年月里，在被金军占领的济南府历城县（今济南历城区）一个名叫四风闸的村落中，辛弃疾降生了。彼时，他的祖父辛赞乃是金国的一个知县小官。

宋真宗年间，辛氏先祖辛维叶自甘肃狄道迁至济南，在朝廷里做了个八品的大理评事，小小的京官。此后，这一脉族人便留在济南开枝散叶，传至辛赞，已是四代。二世祖辛师古，官儒林郎；三世祖辛寂，为滨州司理参军。辛氏子弟虽无显赫仕历，但守土为官，"代膺阃寄，荷国厚恩"，在当地也算是军人世家。

彼时朝中，权奸当道，帝王昏庸，更兼金兵犯境，外有强敌。辛家子弟还没来得及磨砺刀枪，为国效命，山河已然憔悴。宋钦宗靖康二年（1127）的早春二月，金兵攻破东京城，徽、钦二帝被俘，史称"靖康之变"。

臣之家世，受廛济南，代膺阃寄，荷国厚恩。大
父臣赞，以族众，拙于脱身，被污虏官，留京师，历宿、
亳，涉沂、海，非其志也。每退食，辄引臣辈登高望远，
指画山河，思投衅而起，以纾君父所不共戴天之愤。

——《美芹十论·总序》

辛家世代为官，深受朝廷皇恩，本该跟随朝廷南
撤。然而，彼时定居济南的族人众多，辛赞实在不忍
撇下，只得留守故地，最终被污虏官，含辱受了金国
的官职。

这是辛赞刻骨铭心的痛与悲，但为了族人生存，他
亦只能默默承受。故而，每到休憩之日，辛赞便会带领
儿孙们登高远望，指点山河，心中盼望着有朝一日能够
起义反金，一雪前耻，纾解二圣被俘的不同戴天之恨。
而这一切，也成了少年辛弃疾心中不可消磨的印记，成
为他用一生去追逐的理想。

辛弃疾出生的第二年，宋金两国达成议和，宋高宗
赵构向金称臣，年年纳贡。彼时，辛家男儿只能躲在内
室泣血悲愤，却无力报国。而辛弃疾的父亲辛文郁更是
英年早逝，归葬时只得了个中散大夫的赠官。此后，祖
父辛赞便成了辛弃疾人生的领路人。

绍兴十七年（1147），时任谯县（今安徽亳州谯城
区）县令的辛赞将七岁的孙儿辛弃疾领到了一处宅院，
命他向端坐在上的一位先生行礼。

那是亳州城内的一位名士，姓刘名瞻，号樱宁居士。其人颇具散逸之情，所作诗章既有"马上西风吹梦断，隔林烟火路苍茫"之萧然，又有"桑芽粒粒破青春，小叶迎风未展成"之清新。辛弃疾虽然年纪幼小，但在祖父的教导下，这些年也能识文断句。他很是喜欢刘先生的诗，故而也很愿意留在这里读书受教。

刘先生门下还有一位学长名叫党怀英，字世杰，乃是宋初名将党进之十一代孙。其父党纯睦曾为泰安军录事参军，可惜早年亡于任上，党家母子便也未能跟随朝廷南渡，只得定居于奉符（山东泰安）。

彼时，党怀英因比辛弃疾大几岁，对于还是垂髫小儿的辛弃疾，自然多了些兄长般的疼爱。辛弃疾生来性格豪放，提笔写字，意气纵横。党怀英却是自幼习得精妙书法，每每见着小师弟的豁然大字，也只得摇头叹息，待要把手教习，却又不忍心束缚了辛弃疾那落拓天性。

此外，辛弃疾还有一位学友叫郦权。郦权之父郦琼曾是大宋东京留守宗泽的部下，建炎初年官任武泰军承宣使。然而，因为朝廷在对金战斗中的软弱态度，驻守中原的郦琼亦无力与金兵抗衡，最终率众归降。

辛弃疾的心底里是有一丝丝瞧不起郦琼的，总觉得，纵然他不能战死沙场，也不该带着十几万的兵马降了敌。

但静思之时，他似乎又能够理解郦琼的行为——就如同辛赞不能舍弃族人，为了一家老小活命不得不出仕金国一样。郦琼是个活生生的人，他的妻儿老小，他的麾下将士，还有这些将士们的家人，也都是活生生的人，一时之死固然简单，可这般苟活才是最艰难的。

大约正是因此，辛弃疾从未对郦权表现出任何不满，甚至与之还算性情相投。故而，即便跟随祖父外任的日子里失却了家中兄弟姐妹的相伴，但辛弃疾也从未感到孤单。在亳州刘先生的书斋里，与党怀英、郦权这般亦兄亦友的情谊，陪伴辛弃疾度过了三年的蒙童时代，直到辛赞结束了谯县之任，调离亳州。

绍兴十九年（1149），九岁的辛弃疾跟随着祖父的脚步，第一次踏上了故都的土地。只不过，旧时大宋的东京城如今已成为金国的汴京了。亡国二十余载，当日城破的残垣断壁尽管都已渐渐恢复，可宗庙丘墟的悲凉依然还在。那些曾经生活于天子脚下的大宋百姓，反倒成了金国人眼里的贱民。

行走在汴京城中，年少的辛弃疾时常仰头去看祖父的神情，可除了他一贯凝重的神情，却也看不到更多了。尽管从小到大祖父一直暗地里教导辛弃疾勿忘国耻，可相对安稳的童年并没有让辛弃疾感悟到"国破山河在"的凄凉，直到他来至汴京，看到了真正的故国景象。

[宋] 赵佶 瑞鹤图

声声慢·嘲红木犀

余儿时尝入京师禁中凝碧池，因书当时所见。

开元盛日，天上栽花，月殿桂影重重。十里芬芳，一枝金粟玲珑。管弦凝碧池上，记当时、风月愁侬。翠华远，但江南草木，烟锁深宫。

只为天姿冷淡，被西风酝酿，彻骨香浓。枉学丹蕉，叶底偷染妖红。道人取次装束，是自家、香底家风。又怕是，为凄凉、长在醉中。

遥想唐玄宗之开元盛世，那繁华景象，犹如天庭里栽满鲜花，那月宫里的桂花树影重重。幽幽芬芳，香飘十里，满枝桂花仿佛一串玲珑的金粟。凝碧池上的管弦乐声似乎还在，想当时风月，也是情怀愁浓。可惜，这样的翠华之景已然远去，但见如今的江南草木，被深锁

在烟雾缭绕的深宫之中。

　　只是因为天性孤冷淡泊，故而桂花才会盛开在这西风骤起的时节，散发出彻骨的浓香。又何必去学那红蕉，在叶底偷偷浸染出一片妩媚的红色。任凭他人摘取装扮，这芳香气味本是那与生俱来的风情。但唯一惧怕的，是这难以抵御的凄凉，仿佛只能长久地沉醉其中。

　　写下这阕词时，辛弃疾已南归朝廷。他因见宋高宗将明州象山（今浙江宁波象山县）特产的一种红桂花移植到临安官城之中，故此想起少年时在汴京游览皇家林苑凝碧池的情境，发出这般慨叹。

　　或许，在当年见到旧时皇家别苑景致的那一刻，辛弃疾大概就明白了宋廷亡国的根由。在深深的悲叹恼恨之余，辛弃疾更萌发了热烈而纯正的爱国之情。辛弃疾的爱国，是渴望兼济天下的理想，而他也为这理想的实现寻到了一个清晰可见的目标——南归朝廷，收复中原。

就在辛弃疾初到汴京的这一年岁末，金国发生了一场骇人的政变，随之而来的，便是朝廷内的腥风血雨。

史书上将时间纪年写作金熙宗皇统九年（1149）十二月初九，金太祖完颜阿骨打之孙，年仅二十七岁的完颜亮弑杀了他的堂兄金熙宗完颜亶，篡位称帝，改元天德，是为金废帝。

当是时，金太宗完颜晟诸子统领着河朔、山东、真定等要冲之地，完颜亮深知自己得位不正，如果引起兵变，只怕皇位难以坐稳。于是，他开始铲除太宗一脉，被杀者七十余人，太宗后代几乎不存。与此同时，手握重兵的宿将老臣也被列为完颜亮斩草除根的对象，而此时完颜亮的眼中钉、肉中刺，正是出左副元帅、应国公完颜撒离喝。

完颜撒离喝的六世祖完颜跋海是完颜部第三代首领，是金太祖完颜阿骨打的族侄。他自幼跟随在金太祖身边，因骁勇善战深受其喜爱。金熙宗完颜亶登基后追谥完颜跋海为安皇帝，而作为族叔的完颜撒离喝则一直在外统兵，颇得军心。

完颜亮夺取皇位后便对完颜撒离喝心存忌惮，遂任其为行台左丞相兼左副元帅，调任汴京，但却暗中嘱咐行台右丞相、右副元帅挞不野，不准撒离喝干预军事。

天德二年（1150）十月，一道密旨自上京会宁府（今黑龙江哈尔滨阿城区）传至汴京城，成了完颜撒离喝的催命符。

某顷游北方，见其治大臣之狱，往往以矾为书，观之如素楮然，置之水中则可读，交通内外类必用此。

——《九议·其五》

完颜亮命元帅府令史遥设模仿完颜撒离喝的手迹和印章，用白矾书写了一封家信，伪造成已拆封阅读过的样子。遥设谎称此信乃是撒离喝之子完颜宗安遗落在宫门之外，被自己拾得。虽然书信上看起来一片雪白，但放在水中便显现出契丹小字，竟是担心君王忌惮、有意谋反的言论。完颜宗安因此被羁下狱，饱受掠笞楚毒。虽然他至死未肯招认，但左右令史官员因不堪拷打，只得认下了撒离喝父子谋反的罪名。

由此，完颜撒离喝父子及其子孙族人三十余口被诛杀于汴京城中。而借此机会，完颜亮又诛杀了金太祖之弟辽越国王完颜杲的子孙一百余人、兵部尚书毛里子嗣二十余口，甚至连金太祖的妃子萧氏及其子任王完颜偎喝都一并被杀，而辛弃疾便是这一起冤案的见证者。

只不过，这一场祸起萧墙的血腥杀戮，似乎并没有给少年辛弃疾带来任何恐惧，反倒在他心底里埋下了一粒种子，让他明白了大国权谋的意义。故此，时隔二十年后，当辛弃疾作《九议》上疏朝廷时，便建议宋廷效法此举，派遣朝中通晓金国语言、文字之人北上，充当细作，离间金国君臣，令其"党与交攻"，自相残杀。

在金废帝完颜亮篡位后的数年间，辛赞的仕途似乎也渐渐顺利了些。这恐怕是得益于完颜亮任用人才的策略调整。完颜亮并不似前代诸王那样任人唯亲，他也不看重人才的出身背景，契丹人、渤海人、高丽人，乃至汉人，无论贵族还是寒门，只要有才能，完颜亮皆能任用。

天德三年（1151）十一月，完颜亮罢去了世袭万户官一职，从此以后，女真贵族子孙相继的特权被废除。与此同时，完颜亮效仿中原王朝科举制度，设立国子监教育生员。当时，金国初立，因为本朝科举形制与中原地区尚有差别，故而科考分为南选、北选。而完颜亮则将二者合并，罢去经义、策试两科，专以词赋取士，又增殿试之制。

这一切，似乎让那些沦为亡国之人的中原士子看到了一点点希望。毕竟，没有哪个读书人不怀揣着齐家治国的理想，既然大宋朝已远在南方，归去无望，不妨先在金人的朝局中创一番事业，也可为中原汉家百姓谋福。

或许正是心存此念，辛赞也一直没有拒绝金人授予他的官职，先后赴任沂州（今山东临沂）、海州（今江苏连云港），最终官至开封府尹。辛弃疾便也跟随祖父的仕宦旅途，游历中原，求学读书。

宋高宗绍兴二十三年、金废帝贞元元年（1153）的阳春三月，完颜亮将金国国都南迁至燕京，改称中都大兴府，又以汴京为南京，是为陪都。这不仅仅是为了将来南攻宋朝做出的军事战略调整，也是完颜亮渴望立马中原、瞭望天下的雄心。而这一年秋天，十三岁的辛弃疾则乡试中举，将奔赴金国中都参加春闱，一旦功成，他便可成为金国的朝中人才。

[宋]刘松年　秋窗读书图

然而，无论是天意还是人愿，似乎都不希望辛弃疾的人生走上如此轨迹。事实上，对于辛弃疾而言，上京赴考的真正目的，实则是为了考察地形、刺探消息。

> （辛赞）常令臣两随计吏抵燕山，谛观形势，谋未及遂，大父臣赞下世。
>
> ——《美芹十论·总序》

辛家先祖本是英武好战的秦人，入宋以来，数代男儿都曾授任军职。故此，辛弃疾自幼便习得武功兵法，只是可叹尚无用武之地。在辛弃疾稍稍成年之时，辛赞曾两度命其跟随掌管簿籍考成的官员前往燕山一带，考察地势地形，为将来的起义反金做准备。而若按会试三年一考的时间来看，不难想见，辛弃疾的两番北上，当是贞元二年（1154）、正隆二年（1157）两度赶赴春闱之时。

尽管辛弃疾的这两次科考都以落第作结，但他似乎毫无叹息失落之意。或许，作为热血正盛的少年郎，此时的辛弃疾心里还存着些疑虑：如若他真考中了功名，入朝为官，是不是就会像他的祖父辛赞那样，一直隐忍度日，时时饱受煎熬？

当日赴考，祖父辛赞曾修书一封，命辛弃疾入京后前去拜会一位诗词大家，向其请教诗文。此人，正是时任户部尚书的蔡松年。

蔡松年之父蔡靖乃是宋徽宗年间的保和殿大学士，

燕山府路安抚使兼知燕山。宣和七年（1125），金人侵占燕云之地，燕山陷落，蔡靖只得降了金国，而随父镇守的蔡松年也成了元帅府的令史。

此后，蔡松年一直深受金人重用，甚至跟随金国四太子完颜兀术南攻宋廷，被其推举为刑部员外郎。完颜亮弑君篡位后，因与蔡松年旧有交情，更是对其屡屡拔擢。在降金的汉人官员里，蔡松年真可谓荣宠过甚，但他的诗文深处，却依然袒露出"自要尘网中，低眉受机械"的无奈。

贞元元年（1153）岁末之时，完颜亮任蔡松年为贺宋正旦使前往江南，其用心正是让宋廷的官员看看金人对俘臣的器重，却不知这给蔡松年带来了巨大的痛苦。尽管蔡松年一直战战兢兢、如履薄冰地辅佐着金国君主，所求的也不过是"处世附所安，无祸即无福"，但最终仍旧逃不过"身宠神已辱"的诅咒。

而对于天性豪迈的辛弃疾来说，父辈们所承受的心灵折磨，恐怕是他这辈子永远也不能忍受的。辛弃疾唯一期盼的，就是能像他祖父辛赞所计划的那样，寻到一个合适的机会，奋然一搏，起义反金。

正隆二年（1157）的春闱，十七岁的辛弃疾二次落第，他照旧回归乡里，继续着说剑论诗的生活。彼时，他已成婚两载，所娶发妻乃江阴赵氏，长子辛稹正蹒跚学步。

许多人都以为，辛赞当初给孙儿取名为弃疾，是为了呼应大汉将军霍去病，盼望着他有朝一日亦能封狼居胥，扫除贼寇。可是，已然沦为金人统治之下的低等人，辛赞又岂能明目张胆地为自己标注起抗金的身份？也许，他只是希望幼年丧父的辛弃疾能够平平安安地长大，一生无灾无难，而给辛弃疾取字坦夫，大约是希望他能成为一个坦坦荡荡的真君子、大丈夫。

对祖父养育教导之恩的感触，辛弃疾恐怕也是在有了自己的孩子之后才真切地体会到。只可惜，此时辛赞的身体已大不如前，那个令他牵挂了半生的反金大计，似乎也再难实现。而随着辛赞的离世，年方弱冠的辛弃疾终于替代了祖父的身份，成了家里的中流砥柱：上有寡母，下有妻儿，辛家的门庭究竟应该如何支撑下去？那时的辛弃疾或许有过无助和彷徨，但是，命运的转机却已悄然降临。

宋高宗绍兴二十九年、金废帝正隆四年（1159）的深秋，一则消息自中都大兴府传到了济南府历城县的辛家老宅：时任尚书右丞相的蔡松年薨了。完颜亮亲自前往祭奠，加封吴国公，赠谥文简。拔擢蔡松年之子蔡珪为翰林修撰，又赐予金银，命归葬真定（今河北石家庄正定县）。这听起来虽然又是一等一的荣耀，但坊间亦有种种流言传开，都道蔡松年是被完颜亮毒杀的。

且如逆亮始谋南寇之时，刘麟、蔡松年一探其意而导之，则麟逐而松年鸩，恶其露机也。

——《美芹十论·察情第二》

篡位登基近十年，完成了迁都，储备了粮草，整顿了军马，完颜亮那颗蠢蠢欲动的灭宋之心，已呼之欲出。然而，不知是此时的蔡松年已不再愿意充当那个帮助金人攻打母国的叛徒，还是他身在高位早就引起了金人君臣的忌惮。

就如同宋廷君臣可以用"莫须有"之罪杀了岳飞一样，完颜亮也只是因为担心蔡松年有泄密之嫌，最终将他鸩杀。而在这些揣测猜疑的背后，唯有一件事可以确定——完颜亮就要伐宋了。

祖父辛赞至死未能等到的那个机会，仿佛在转瞬之间，已来到少年辛弃疾的眼前。

永遇乐·戏赋辛字送茂嘉十二弟赴调

烈日秋霜，忠肝义胆，千载家谱。得姓何年，细参辛字，一笑君听取。艰辛做就，悲辛滋味，总是辛酸辛苦。更十分、向人辛辣，椒桂捣残堪吐。

世间应有，芳甘浓美，不到吾家门户。比着儿曹，累累却有，金印光垂组。付君此事，从今直上，休忆对床风雨。但赢得、靴纹绉面，记余戏语。

辛家人世代簪缨，生就一副忠肝义胆，其豪情犹如烈日，其清白好似秋霜。翻检家谱，若问祖辈是何年何月得此姓氏，不如你把一个"辛"字仔细考量，大家也姑且一笑听之。"辛"字是由艰辛做成，含着悲辛滋味，其间种种也都是辛酸辛苦。还有更为激烈的，便是一份品性中的辛辣，让许多人一见就仿佛是吃了捣碎的胡椒，恨不能立即吐光。

> 这世间的富贵荣华，生活的芬芳甜香，似乎都不曾来到我辛家。辛氏后人也比不上那些蒙受祖荫的纨绔子弟，总是能轻而易举地获得功名利禄。而今你赴京为官，希望能青云直上，不要太惦念与我的兄弟情义。只盼着到那面容如靴纹般老去之时，还能记得我今天这番衷肠之语。

数十年后，当辛弃疾送别族弟茂嘉前往临安赴任，嘱咐其谨慎为官时，心中翻腾起的便是对辛氏门风的一番考量。也许，在那一个瞬间，辛弃疾也想起了遥远的过往，想起了他曾经的辛辣与辛酸。

但是，如果人生可以重来一遍，二十岁的辛弃疾也依然会选择最初的答案。

燕兵夜娖银胡䩮，汉箭朝飞金仆姑

　　或许，十七八岁的辛弃疾从来没有想到，他在中原故土停留的日子已所剩无几。那时候，他跟随祖父辛赞宦游各地，而相交甚笃的学兄党怀英则隐居于故乡奉符之南的徂徕山上，筑成一间竹溪庵，只以读书为业。那时节，辛弃疾也常常同祖父告假，前去拜会党怀英，二人一同畅游山水，饮酒赋诗。

　　一年盛夏，辛弃疾与党怀英同游泰山，登山览景时，但觉天地为之一宽。

　　在灵岩寺里，辛弃疾结识了同样喜好兵法的义端和尚，说起山河往事，彼此慨然。

　　是夜，辛弃疾宿于山中石室，夜半时分被那鸟鸣兽吼之声惊醒，恍惚间只觉中原沦落仿若幻梦一场。于是，

［宋］佚名 山坡论道图

辛弃疾就在那里默坐至天明，看着朝阳自山峦上慢慢升起，终于明白，那金光所及之处早非大宋土地。

离开灵岩寺的时候，辛弃疾曾题记于山石，落款时仍用自己往日的名号，将"辛"字拆开，写作"六十一上人"。

绍兴三十一年（1161）十月，金废帝完颜亮举兵南侵。宋高宗以杀害战将岳飞而换取来的所谓的两国和平，只维持了短短十年。当完颜亮的百万铁骑分作四路奔驰过中原大地，向两淮之地进发时，驻守两淮的宋军几乎毫无防备，只得慌忙南撤，退守长江，吓得宋高宗恨不能再来一次乘桴于海的逃难。

然而，令人意想不到的是，正当完颜亮以势如破竹之态直攻宋朝，眼看就要提兵江南、一统天下的时候，两千里外的中都城内，同为金太祖完颜阿骨打之孙的完颜雍发动政变，夺取了皇位，改元大定，是为金世宗。

当中都巨变的消息传至完颜亮的大营时，众军动摇。彼时的完颜亮自然是恼火的，可傲睨一世的他并没有撤军北归。完颜亮所想的，反而是尽快攻下江南，哪怕是先行渡过长江，也足以证明自己的英明雄武。到那时，皇位便能轻易夺回。

可惜，事与愿违。

六天之后，急于求成的完颜亮在长江采石矶（今安徽马鞍山西南）边遭遇了南侵以来最惨痛的失败。宋军在都督府参赞军事虞允文的指挥下，奋勇作战，竟将金人的战船烧毁大半，迫使完颜亮一路沿江东下，移军扬州。

此时，伤亡惨重的完颜亮仍旧不肯北撤，要从瓜州渡强行渡江，甚至下达了渡江不成便斩杀随军大臣的军令。本已军心涣散的部将兵卒们顿时哗然，一路上披荆斩棘的兵马都统领耶律元宜、都总管徒单守素等再也不愿忍受完颜亮的暴虐，同近卫军将士密谋反叛，于十一月二十七日的拂晓发动兵变，弑杀了金废帝完颜亮，率军北还，臣服于刚刚称帝的完颜雍。

而就在完颜亮南侵宋朝、完颜雍忙于夺位的数月里，沦陷了三十四年的中原大地也终于掀起了一场轰轰烈烈的民间起义。

发动这场起义的人乃是辛弃疾的同乡，济南府一个看似寻常却又身怀豪气的种田之人——耿京。

完颜亮为了筹集粮草，多年来一直强征暴敛，而南下途中更是一路烧杀抢掠，中原百姓不堪其苦。为此，耿京联络了乡人李铁枪等人，揭竿而起，在东山（今山东潍坊昌邑市）一带竖起抗金大旗，由此召集至数百人马，攻克泰安、莱芜等地。

实际上，在耿京起义之前，许多地方的百姓都开始了抗争。实力较强的可以据城而叛，力量不足的则是守卫乡泽。其中一些人得知耿京占据了泰安等地，声势颇壮，便归附其下，辛弃疾亦在其列。

> 粤辛巳岁，逆亮南寇，中原之民屯聚蜂起，臣尝鸠众二千，隶耿京为掌书记，与图恢复，共籍兵二十五万，纳款于朝。
>
> ——《美芹十论·总序》

耿京起义后不久，辛弃疾便聚集了两千余人投效麾下。那时节，耿京已有二十五万兵马，其后又有山东各地小股义军归附，起义大军已近三十万众。

彼时，辛弃疾听说故友义端和尚竟也弃佛从武，召集了一千多人对抗金兵。于是他当即前往游说，将义端的人马也荐入耿京军中。可辛弃疾万没料到的是，曾经出家离尘的义端竟从未割断过俗世名利。因归附耿京后失去了号令之权，义端心生怨愤，他伺机窃取了耿京的军印，趁夜出逃。

义端窃印出逃的次日清晨，怒火冲天的耿京下达了诛杀辛弃疾的军令。面对着前来捉拿自己的军士，辛弃疾在一阵难以克制的惊怒后，很快就镇定了下来。辛弃疾算定，义端作为曾经的义军首领，独自奔逃一定别无出路，他只能将耿京的大印献给金人才能换得苟延残喘之机。于是，辛弃疾在耿京面前立下了军令状，愿以三日为限，若不能追回大印，甘愿受死。

秋天的中原是一望无垠的黄草土地，或远或近地生长着一片又一片的树林。那阔叶的已然凋敝，唯有青松苍柏，透着深黛一般的颜色。辛弃疾策马奔驰，身后跟着的几个兵卒既是他的帮手，亦是监视他的人。

尽管率众起义时已有过沙场经历，但此行必是辛弃疾有生以来第一次真正感受到成为英雄男儿的快意。在追上义端的那一刻，辛弃疾的心里根本不会纠结于所谓的往昔情谊。他青锋出鞘时，义端只得空余哀叹，他知道，辛弃疾犹如一头青兕，平日里敦厚稳重，不肯轻易动怒，可一旦风雷骤起，便能杀人如麻。

待辛弃疾将义端的人头带回义军大营时，他不但获得了众人的信赖，更赢得了耿京的器重，被任命为掌书记。这些热血烈性的中原男儿，一个个按剑抵掌，攻城夺池，恨不能早日收复中原，以雪国耻。

与此同时，许多出仕金朝的汉人也借机纷纷回归宋廷。位于宋金两国边境的新息县（今河南信阳息县），军民百姓便是在县令范邦彦的带领下，开城迎接王师，纳城以归。

这年岁末，已经夺取山东诸城的耿京自号为天平军节度使，节制山东、河北诸路抗金义军。他决意派遣部下前往临安（今浙江杭州），向朝廷纳表，意欲率军南归。当时，耿京选中的乃是他的得力战将，诸军都提领、莱州（今山东烟台莱州）人贾瑞。但贾瑞自认是一介武夫，担心在朝中遇到官员诘问难以应对，遂请耿京再派一名文武皆备、胆识过人的文士同行。由此，辛弃疾终于迎来了他归回朝廷的机会。

绍兴三十一年（1161）的寒冬腊月，辛弃疾最后一次前往徂徕山竹溪庵拜访他的学兄党怀英。

那一天，窗外或许正飘着漫天大雪，丘岭间茫茫一片。辛弃疾和党怀英相对而坐，身旁的炉火上温着一壶烈酒。对于辛弃疾来说，即将开始的征程是他自己最热烈的渴望，也是祖父辛赞，乃至辛氏族人三十年间的期盼。

意多渲染不
多破溪景山
客自疊銀瘠
詰雪江石嶂
弄展相對興
會精神
甲辰新正月
湖龜

[宋] 佚名　溪山暮雪图

　　辛弃疾觉得，党怀英应该也有这样的心愿。虽然党怀英如今只是个文弱书生，但他的祖辈毕竟是大宋的战将，党家数代也都是军旅中人，如若党怀英能同辛弃疾一同南归，岂非人生快事。

　　可是，党怀英却犹豫了。他从书案边取来卦盘，向辛弃疾面前一推，丢出一卦，乃是个"离"；再挪向自己手边，又丢出一卦，恰是个"坎"。辛弃疾一时无话，一杯又一杯地饮完了壶中酒，临别时只留下一声长叹："吾友安此，余将从此逝矣。"

　　这是辛弃疾在中原度过的最后一个冬天，待到新春岁初之时，他已怀揣着耿京的奏表，同贾瑞渡过了长江，来到了偏安的大宋朝廷。

　　绍兴三十二年（1162）的正月十八，正在建康府（今江苏南京）慰劳大军的宋高宗赵构或许刚刚玩赏过金陵古城上元花灯的美景。他在那里接见了辛弃疾和贾瑞，正式任命耿京为天平军节度使、知东平府，兼节制京东河北路忠义军马；诸军都提领贾瑞特补敦武郎、阁门祗候，掌书记辛弃疾则特补为右承务郎，并赐金带。

　　虽然只是个小小的文职散官，但这是辛弃疾实现理想与抱负的第一步。能够回到朝廷，成为大宋的士子，辛弃疾足以告慰祖父辛赞的在天之灵。或许在旁人看来，二十二岁的辛弃疾能有如此际遇实属难得。但他们可能从未想过，对于一个在沦陷了的中原出生成长的人而言，对于一个从读书识字便只有一个信念的人而言，这二十多年的等待是多么的漫长。

读语孟二首·其二

屏去佛经与道书，只将语孟味真腴。
出门俯仰见天地，日月光中行坦途。

时人言及辛弃疾，都道他是英烈男儿，更以为他只是个行武之辈。但自从开蒙求学时起，辛弃疾所遵循的便一直是儒家的真理。少年时读《论语》《孟子》，辛弃疾便觉得这些才是真正的学问，那些齐家治国的道理为他开启的是新的天地，也是他未来的人生道路。

辛弃疾的理想不仅仅是回归朝廷，收复中原。准确说来，收复中原失地也只是他实现抱负的一部分而已。真正的大丈夫，应当文能提笔安天下，武能上马定乾坤，只要能报效家国，辛弃疾都可以义无反顾。

不过，在辛弃疾每次将要开启新的征程时，上天都会给予他一重艰险的考验，亦是一个崭露头角的机会。

回朝献表后不久，辛弃疾同贾瑞便带着朝廷封赏义军的诏书返回中原，随行的还有枢密院所差遣的使臣吴革、李彪二人。然而，当一行人到达楚州（今江苏淮安）时，吴革和李彪却再也不敢北上，几经商讨，最终决定前往海州（今江苏连云港）等候，让耿京等义军将领到那里去接受朝廷的官告、节钺。辛弃疾同贾瑞虽则无奈，但如此大事也不敢强争，只得听从吴革、李彪的命令，一同前往海州，安排妥当后再启程向耿京报信。可就在这短短的数十日间，东平府内却横生变故。

那时节的中原北方正可谓是内忧外患：对于刚刚夺取皇位的金世宗完颜雍来说，首要的任务便是稳定时局。对内，他一改金熙宗完颜亶、金废帝完颜亮忌惮宗室贵族的政策，追赠了那些无辜被杀的臣属，重用其后人，极大地安抚了宗室的情绪。对外，完颜雍则采用招抚和镇压双管齐下的法子，一面许诺给予归降者高官厚禄，一面派重兵剿灭，软硬兼施，很快就瓦解了北方契丹人的起义，其首领移剌窝斡遭人出卖，被捕送至中都杀害。而对于驻守东平府的耿京义军，完颜雍亦如法炮制，遣户部尚书梁铢、户部郎中耶律道一同前往安抚，只要归降金廷，无论罪名轻重，都绝不治罪，允许义军诸人归乡务农。

如此一来，原本许多为徭役所迫的寻常百姓纷纷动摇，一个个离开义军归保田里。但更有一些原本期望通过起义赢得名利的贪蔽小人便趁此倒戈，纷纷出卖同伴，向金人邀功请赏。

当是时，耿京帐中有一名叫张安国的副将。他见此态势，竟联合叛将邵进等伺机攻入耿京之所，将其杀害，以耿京人头向金人邀得重赏，被授为济州（今山东济宁）知州。

不幸变生肘腋，事乃大谬。负抱愚忠，填郁肠肺。
——《美芹十论·总序》

闻得耿京被害的噩耗时，辛弃疾和贾瑞已经踏上了自海州返回东平府的路途，在惊怒之余，二人更陷入了进退维谷的境地。若是继续北上，耿京已死，义军已散，所谓纳款朝廷的使命也没有了。若是转身南归，纵然还有立足之地，只怕也要惹人非议。辛弃疾倒不是怕丢掉新得的官封，可要是被人当作胆小怕死之辈看待，他是万万不能忍受的。况且，义军如此溃散，只怕宋廷君臣要对中原百姓抗金之心多有怀疑。如果因此耽误了北伐大业，岂非遗恨终身？

想到此处，辛弃疾当即拿定了主意：忘恩负义之辈绝不姑息，纵然是粉身碎骨，也要手刃张安国，以彰显义军之人的赤胆忠心。

鹧鸪天·有客慨然谈功名因追念少年时事戏作

壮岁旌旗拥万夫，锦襜突骑渡江初。燕兵夜娖银胡䩮，汉箭朝飞金仆姑。

追往事，叹今吾，春风不染白髭须。却将万字平戎策，换得东家种树书。

数十年后，当辛弃疾在一场酒宴之上听人说起功名大业时，他想起了少年时的这段往事。在他二十三岁的青壮岁月，也曾高举旌旗率领着万余兵士，穿着锦绣战袍策马渡江南去。兵变骤然发生，纵然金人夜来枕着镶银的箭袋而眠，辛弃疾也能在黎明之时突袭金营，射杀敌人。

而今，辛弃疾追忆着往事，感叹着年华的老去，春风也不能让雪白的髭须变作乌黑。只能把那数万字的平定贼人的谋略，向东邻人家换取一本教导稼穑之道的种树书。

想来，辛弃疾定会时时怀念这一段"少年横槊气凭凌"的时刻。在那个夜雨微寒的中原初春，辛弃疾星夜兼程，向着济州府飞驰而去。与之偕行的，还有同样早前南归朝廷的义军首领，被封为武功大夫的王世隆以及马全福等五十余位忠义之士。

当是时，张安国正在济州城内与金人官员宴饮，忽听门外有人传报，道是有辛弃疾、王世隆等人率兵卒投奔，恳请一见。张安国不觉纳罕：这二人已然南归朝廷，如何会重返中原？他将信将疑中将来人召入一见，果然是辛弃疾与王世隆。

张安国本以为这二人果真是要投靠于他，岂料刹那间，辛弃疾与王世隆已拔剑挥刀，将张安国劫持在手。两旁州衙守卫、金人兵卒一时慌乱，更无一人敢出头相助，眼睁睁地看着辛弃疾与王世隆将张安国带出府门，如挟羸兔一般捆缚马上。那五十兵卒紧随相护，一行人如骤风闪电冲出城门，昼夜不停地向着南方绝尘而去。待到金人回过神时，追击的兵马却连辛弃疾等人的踪影也未曾看见。

绍兴三十二年（1162）的江南暮春，建康城内正是杂花生树、草长莺飞的时候。辛弃疾等人将叛贼张安国押回的时候，满城的百姓都涌上了街头，引颈相看。行宫里，宋高宗赵构与随行的文武官员见到如此情境，也只能深深慨叹。

> 壮声英概，懦士为之兴起，圣天子一见三叹息。
>
> ——洪迈《稼轩记》

那一天的献俘礼上，官任枢密院检详诸房文字的洪迈必是心情振奋的。辛弃疾的英雄气概，让年长十七岁的他深深折服，以至于刻骨难忘，更在随后同朝为官的岁月里，与辛弃疾结成了至交好友。

当然，同满朝懦弱的文士相比，洪迈还是有些骨气的。他生于仕宦之家，父亲洪浩曾为礼部尚书，宋高宗建炎三年（1129）出使金国时被扣押，羁留荒漠十五载，坚贞不屈，全节而归，时人称之为"宋之苏武"。洪迈的长兄洪适、次兄洪遵于绍兴十二年（1142）同登博学宏词科榜，洪遵为状元，洪适为榜眼。

前一年，完颜亮南侵。洪遵出知平江府（今江苏苏州），襄助浙西副总管、提督海船的大将李宝抗击金兵。而时任江东路提举常平茶盐公事的洪适也因抗敌有功，

［宋］李迪　苏武牧羊图

升为尚书省户部郎中，总领淮南东路军马钱粮。至于洪迈，虽然尚未做出兄长们那样的功业，却也心怀大义，傲然慷慨，深叹朝廷之软弱、懦士之无能。

　　大约正是因为辛弃疾的到来，使得洪迈心中升腾起更热烈的情怀。其后不久，金世宗完颜雍遣使议和，宋高宗大为欣喜，欲派遣使者回访报聘，洪迈见此慨然请行。

他坚决不肯在国书上自称"陪臣",亦不承认宋廷乃金国属国,更因力主"土疆实利不可与"之议,竟被金人羁锁于使馆内,三日三夜不供饮食。洪迈一如其父,宁死无惧,直到七月间才被放归。

然而,辛弃疾、洪迈都不会想到,他们两人忠烈报国的心,终究要被君王所负。

就在洪迈被羁押金国的时候,辛弃疾得到了他在宋廷的第一个真正意义上的职官——江阴签判。

辛弃疾这一官职的得来,或许有一半要归功于发妻赵氏。赵氏祖籍江阴(今江苏江阴),其祖父赵修之南渡前曾出知南安军(今江西赣州大余)。大约正是因为赵氏仍有祖宅、亲眷留于江阴,故而辛弃疾南归之时便将寡母妻儿乃至同行的辛氏族人都安置在了这里。如今,辛弃疾赴任江阴,就此定居,自然是再便宜不过。

只是,江阴签判不过是掌诸案文移事务的小小文官。虽然辛弃疾于公务上十分勤勉,但心中总有些隐隐的失落。在辛弃疾看来,此时的金国朝中动乱,金世宗完颜雍害怕宋廷会趁此北上,故而遣使议和,以求安稳。而对于刚刚挫败了金废帝完颜亮南侵的宋人来说,这恰是民心大振、举兵北伐的绝好时机。然而,令辛弃疾大为不解的是,当朝的君王似乎对此毫不在意,仿佛一听"议和"二字,便将山河破碎的痛苦仇恨就抛之云外了。

　　这叫辛弃疾想起幼年时祖父说起的那段故事。就在他出生的那一年，当今的皇帝赵构用十二道金牌追回了大将岳飞，将眼看着就要夺回的中原又拱手送了出去。

　　正当辛弃疾心意难平，思忖着是否要上疏谏言之时，朝中却传来消息：建王赵玮被立为皇太子，改名为赵昚。二十天后，赵构遂以"倦勤"为由，禅位于赵昚，自称太上皇，退居德寿宫颐养天年。

　　宋孝宗赵昚乃是宋太祖赵匡胤七世孙。当初，宋高宗赵构因绝嗣而收其为养子，大宋的皇位便由此从太宗一脉重回太祖一系。至于赵昚，这位正当壮年的天子和他的太上皇养父不同，他自少年时便一直渴望能够北伐

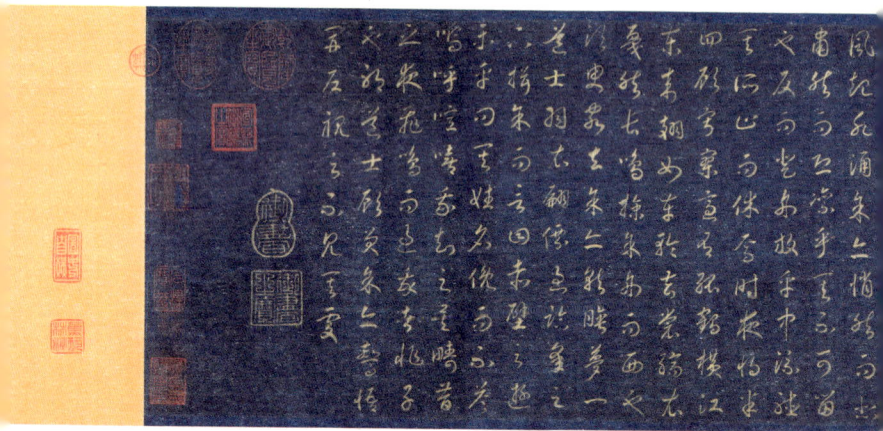

［宋］宋孝宗赵昚 草书《后赤壁赋》卷（局部）

中原，收复山河。

前一年，当宋高宗赵构听闻金兵南下意欲出逃之时，宋孝宗曾写下请战书，愿亲自领兵与金人决一死战。只是他的恩师、国子监博士史浩却认为此言不妥，恐被宋高宗认作有贪功夺位之嫌。于是宋孝宗又改写了奏本，请求宋高宗御驾亲征，而自己则会随驾保护，以表孝心与忠心。

由此想来，恐怕正是因为当时满朝文武以及皇位继承人都表达出了与金人决战之意，这才使得宋高宗放弃逃亡，传旨备战。如今金人前来议和，宋高宗虽然心中乐意，却似乎也阻挡不了群臣百姓之心。这个大半生都在战与和之间挣扎的君王，至此仿佛是想明白了，他要把这个难题抛给后人，尽管在他决意禅位的时候便已料到，继位后赵昚一定会备战北伐。

绍兴三十二年（1162）的七月，登基不过月余的宋孝宗颁出手谕，召主战派老将张浚入朝，共商北伐大计。随后，他又下诏为岳飞平反，追复其官职，以礼改葬。至于那些曾经因一力主战而被贬斥、罢官乃至流放的臣子们，也都纷纷平反复官。

这可真是令人振奋的消息，想当时职守江阴的辛弃疾，恐怕也要摩拳擦掌，跃跃欲试。但不知为何，自他深入敌营，擒拿叛贼归朝后，在这短短数月间，那些曾经为辛弃疾欢呼赞叹的人，那些执掌朝中的文臣武将们，仿佛已将辛弃疾的壮举遗忘，只当他是个小小的江阴签判，一介书生而已。

如此的境遇着实让辛弃疾深感疑惑，更存着些不安，因为他发现，王世隆、贾瑞等人也陷入了同样的境地。直到偶然间听见同僚们的谈论，辛弃疾这才明白，一切的根由竟起自当今皇上的老师，刚刚被授为参知政事的史浩。

张浚起复为江淮宣抚使后，他便提出重用辛弃疾等归来之义士。岂料史浩却大为讥讽，当堂与张浚辩论道："中原绝无豪杰，若有，何不起而亡金？"

此言一经传出，辛弃疾等南归之人的满腔热血顿时半凉，愤怒、怨恨、屈辱之情搅动肝肠。只是，辛弃疾的内心深处一直留存着一点清醒：他早已想到，当张安国叛变、耿京被害、诸义军纷纷逃散后，无论自己怎样做，都无法逃脱那些嫌隙人的猜忌。在他们的眼中，甚至在当今皇上的心里，辛弃疾可能也算不得什么壮声英概的豪杰，他只是个居心难测的"归正人"。

念奴娇

——初南归，男儿英概无用处

辛弃疾到金陵城中凭吊古人遗迹，登上高楼，却落得愁闷千重。当年虎踞龙蟠的帝王之城今在何处？满目所见只有千古兴亡的遗踪。夕阳西下，鸟儿归巢，风吹着田埂乔木。滔滔江水中一只孤帆正在西去，是何人吹奏起竹笛，声声清冷？遥想起风流宰相谢安，纵然功绩赫赫，晚年却也只能隐居东山，听筝落泪。将希望寄予后辈，弈棋消磨余生。明镜难寻，知音难求，日暮时分，何人能共饮一盅？江上风声猛烈，仿佛要掀翻岸边的草屋。

念奴娇·登建康赏心亭呈史留守致道

我来吊古，上危楼，赢得闲愁千斛。

虎踞龙蟠何处是？只有兴亡满目。

柳外斜阳，水边归鸟，陇上吹乔木。

片帆西去，一声谁喷霜竹？

却忆安石风流，东山岁晚，泪落

哀筝曲。儿辈功名都付与，长日

惟消棋局。宝镜难寻，碧云将暮，

谁劝杯中绿？江头风怒，朝来波

浪翻屋。

［宋］阎次于　山村归骑图

家住江南，又过了、清明寒食

汉宫春·立春日

春已归来，看美人头上，袅袅春幡。无端风雨，未肯收尽余寒。年时燕子，料今宵梦到西园。浑未办，黄柑荐酒，更传青韭堆盘？

却笑东风，从此便薰梅染柳，更没些闲。闲时又来镜里，转变朱颜。清愁不断，问何人会解连环？生怕见花开花落，朝来塞雁先还。

据说，这是辛弃疾南归之后所填的第一阕词。

宋高宗三十二年（1162）的腊月二十四，正旦虽未至，时已入立春。按照往年的规矩，朝廷会给文武百官赐下春幡，亲王、宰执乃是用金制的，以下官员人等则按官阶大小，或是金裹银，或是罗帛。不过，远在江阴的辛弃疾自然没有机会得到这御赐的尊荣，夫人赵氏头上的春幡发饰只能由自家采买。

此间天气仍带着深冬寒气，更何况还有那无端而起的风雨。辛弃疾不觉想起中原家中的梁上燕子，不知此时是否已经北归，可惜他已举家南迁，只能在梦中重回故园了。故此，黄柑酿制的腊酒，青韭做成的春盘，这些立春必备的食物都没有心情去置办。

在这满怀愁绪的时候，只能笑看春风，任凭它熏梅染柳，催送着光阴的飞逝。可镜中的人儿已年华老去，更使人清愁不断，也无法解此愁烦。只是越发害怕看见那花开花落，害怕去岁南来的大雁也比自己更早一些返回北方。

身在中原时，辛弃疾心心念念的是南归朝廷。而今，他已回到朝廷，却发现自己时时刻刻都在想念着北方，就像宋廷南渡时，所有的人对故土的思念一样。

辛弃疾想要回到北方去，这并不是简单的思乡。他本以为，回归朝廷后便能够辅佐君王，兴起北伐大计，收复中原，让多少中原百姓可以返归故里。可是，当今的朝廷纵然在筹备北伐，却与辛弃疾并无半点关系。

似乎从没有人见过辛弃疾南归之前的文章，也没有人知道他往昔曾有过怎样的愁烦。但是，辛弃疾此时此刻的烦恼必定是他南归前从未有过的。那时节纵然身在敌营，可辛弃疾的心里会永远藏着一份希望。如今明明已经回归，但心里的那份希望却反而被无端的风雨给冷落了。

不过，辛弃疾不是那等懦弱颓丧之辈。尽管他难以克制心中的彷徨和失望，但满腔的热血从未消散。哪怕朝中总有一些人对辛弃疾"归正人"的身份心存芥蒂，可他们的轻视和鄙夷反令辛弃疾格外地渴望证明自己。

隆兴元年（1163）的正月初九，宋孝宗赵昚下诏，任史浩为尚书右仆射、同中书门下平章事兼枢密使，张浚进枢密使、都督江淮东西路军马。随后不久，朝廷又遣细作携蜡书前往中原，秘密诏令仍旧占据着一些北方州郡的义军首领，许诺他们封王世袭的恩泽，并招抚两淮一带的流民。

一天天听着朝廷里传来的消息，辛弃疾按捺不住心头的欢喜与焦虑。欢喜的是，偏安三十余年的朝廷似乎终于下定决心，北伐中原；焦虑的是，如此家国大事，辛弃疾却毫无参与的机会，甚至连献策都不知该往何处去。

> 某向见张魏公，说以分兵杀虏之势……为吾之计，莫若分几军趋关陕，他必拥兵于关陕；又分几军向西京，他必拥兵于西京；又分几军望淮北，他必拥兵于淮北，其他去处必空弱。又使海道兵捣海上，他又著拥兵捍海上。吾密拣精锐几万在此，度其势力既分，于是乘其稍弱处，一直收山东。虏人首尾相应不及，再调发

来添助，彼卒未聚，而吾已据山东。才据山东，中原
及燕京自不消得大段用力，盖精锐萃于山东而虏势已
截成两段去。又先下明诏，使中原豪杰自为响应。

——朱熹《朱子语类·论兵》

一代贤哲朱文公朱熹晚年时与辛弃疾结为莫逆之交，
在他教导弟子的语录中，记述了辛弃疾曾经与之论兵言
战的往事。

那正是隆兴元年（1163）的初春，在数夜的辗转反
侧之后，辛弃疾终于拿定了主意。他要乘舟西上，前往
建康府拜见枢密使张浚。

作为主战派将领，已是暮年的张浚给了辛弃疾一次
畅所欲言的机会。而辛弃疾所呈上的，恐怕正是他自幼
年起，在祖父辛赞教导之下，在两番北上燕京考察金人
形势所得出的兵法谋略。

辛弃疾深知，金人虽然马肥兵悍，但因为草原部
落分散而居，每每举国出兵时，都需要漫长的调兵时间。
金废帝完颜亮当日南侵，就花费了两年时间才将兵马
调齐。

为此，辛弃疾建议张浚采取轻军挑衅之策，分别进
攻关陕、西京、淮北乃至海上。此法一则可将金人兵力
分散，二则促使其疲于调动，而由诸多豪杰义军所占领
的山东地带便成了金兵势力薄弱之地。此时宋廷则以精
兵强将一举夺取山东诸郡，占据中原腹地，将金人势力

范围截为两断，何愁北伐不成。

然而，彼时的张浚所能做的竟只有耐心地听完辛弃疾的言论。他固然是宋孝宗亲点的都督江淮军马，可他也只能辖制一方，仅凭其实力，是无法实现辛弃疾所言谋略的。

这并非张浚的婉言推辞。事实上，辛弃疾的论战之法与张浚所想不谋而合。早前，张浚也曾上疏宋孝宗，恳请进军山东，以驻守陇蜀的四川宣抚使兼陕西河东路宣抚吴璘为援，分散金人兵力，以取山东。但却未想到，他的这番策论却遭到了帝师史浩的反对。

史浩向宋孝宗递交了一份《论未可用兵山东札子》，要求皇帝戒敕张浚，所有兵马舟船都要严守江淮，控制要害，以保证长江南岸之安全，免使建康府乃至临安城陷入危患。史浩认定，只有先保证了两淮的安全无虞，才能缓缓向北进军，如此"进有辟国拓土之功，退无劳师失备之患，实天下至计也"。史浩甚至认为，即便夺回山东，对金国算不得什么损失，但若是因此惹得金人南下，使两淮陷于战乱，那便会危及畿甸之地。

显然，在张浚和史浩的两份奏议中，宋孝宗最终选择了史浩那份。至此，辛弃疾也终于明白，朝廷的北伐是有条件的：他们需要先保住眼前的安稳和富贵，然后才会考虑中原的土地得失。

满江红

　　点火樱桃，照一架、荼蘼如雪。春正好，见龙孙穿破，紫苔苍壁。乳燕引雏飞力弱，流莺唤友娇声怯。问春归、不肯带愁归，肠千结。

　　层楼望，春山叠。家何在，烟波隔。把古今遗恨，向他谁说。蝴蝶不传千里梦，子规叫断三更月。听声声、枕上劝人归，归难得。

　　樱桃红得如同火焰，映照着盛开的荼蘼，却又是满架的雪白。春色正好，这是春意最浓的时候，竹笋穿破了泥土，不停地向上生长，青紫色的苍苔爬满了阶壁。梁下的燕子牵引着雏燕缓缓飞起，枝上的黄莺娇怯地鸣叫，一声声呼唤着伴侣。这春天就要归去了，却不肯将词人的烦恼也一同带走，只留下愁肠千结。

登上层楼远望，江南的春山千万叠，但不知家在何处，只有那滔滔的长江烟波阻隔其间。想古往今来诸多山河破碎的恨事，又能向谁诉说。纵然是做成一场蝴蝶梦，却连梦中也见不到千里之外的故园。三更月冷，只听得子规啼血，声声叫唤，似是在劝人早些归去，可此时却早已无处可归。

南归后的第一个春天，就这样结束了，而留给辛弃疾的却是前所未有的愁烦。或者说，是从未有过的失望。虽然他也明白，朝廷要求先保江南再徐徐图进的策略并非全错，但作为一个刚毅果决之人，见到那些朝臣们因为害怕失去现有的安稳而变得越发怯懦，辛弃疾充满了不甘。他似乎已经预感到，自己宏大的理想恐怕很难实现了。

在同张浚讨论时局时，辛弃疾意外得知，史浩的那份《论未可用兵山东札子》乃是其门下幕僚所写，此人乃是出身越州山阴（今浙江绍兴）之书香名门，楚国公陆佃之孙，原南路计度转运副使陆宰之子陆游。

这叫辛弃疾大为不解。初归朝廷之时，辛弃疾曾听人说起过时任大理寺司直兼宗正簿的陆游，只道他是个敢于谏言的诤臣。宋孝宗继位后一度擢升陆游为枢密院编修官，赐进士出身。但因陆游直言劝谏宋孝宗不可于宫中宴饮享乐，又被罢为镇江府通判。

陆家乃山阴望族，虽然本籍江南，但父子诸人都曾为山河飘零而流涕哀恸，"人人自期以杀身翊戴王室"。可辛弃疾从来没有想过，那个"裂眦嚼齿"，视金人如微末之流的陆游，竟也会这样谨慎保守。

望着陆游写给张浚的《贺张都督启》中"耕田凿井，举皆涵养之余；寸地尺天，莫匪照临之旧。岂无必取之长算，要在熟讲而缓行"的章句，辛弃疾只能叹息。

辛弃疾不是不理解史浩、陆游乃至宋孝宗唯恐江南有失的担忧，他只是恼火于这些人函矢相攻的言论。

史浩之辈曾公然宣称中原无豪杰，指责中原百姓不敢起兵抗金。而当辛弃疾等忠义男儿揭竿起义、南归朝廷后，却又被他们嘲讽为"归正人"。此前，辛弃疾确实曾为义军的溃散而心中惶愧。可他断没想到，待真的要起兵北伐的时候，那些曾经大义凛然的朝臣却又说起徐徐图之的话来。难道这些渴望保住现世安稳的贵胄们就没有想过，中原的百姓也是要穿衣吃饭、养育儿女的吗？他们妄然指责"归正人"算不得豪杰的时候，是否正视过自身的懦弱？

然而，辛弃疾的这些气愤和哀叹都于眼前无益，朝廷的北伐大计只能在君臣们模棱两可的意见中向前推进，却隐隐地透着一种不祥的征兆。

宋孝宗没有同意张浚分兵谋取山东的策略，但史浩等人所谓的时时讨论、缓缓施行似乎也不能抵消朝堂上下一片北伐的呼声。隆兴元年（1163）的五月初，张浚得到消息：金将蒲察徒穆、大周仁等屯兵虹县（今安徽宿州泗县），都统萧琦屯兵于灵壁（今安徽宿州灵璧县），两地军民积粮修城，似有南攻之势。为此，张浚决意先发制人。在获得宋孝宗的准许后，他因命主管殿前司李显忠、建康都统邵宏渊分别攻取灵璧和虹县，又趁势拿下了宿州。

此一战，中原震动，宋廷君臣也大为欣喜，宋孝宗更是亲手写就了慰问书信，称"十年来无此克捷"。然而，短暂的胜利很快就被宋军内部的矛盾所摧毁。

李显忠与邵宏渊出战之时皆是雄心勃勃。可一战过后，因邵宏渊围攻虹县不力，幸得李显忠率部驰援才得功成。这使得李显忠生出骄恣之心，而邵宏渊则怀有嫉恨之意。在攻打宿州城时，邵宏渊就已然表现出对李显忠的不满，甚至不愿配合其攻城的策略。

随后不久，金人不断援兵宿州，欲夺回城池。坐守城中的李显忠和邵宏渊则嫌隙愈深，乃至于李显忠孤军力战，而邵宏渊却摇扇作壁上观。最终，金左副元帅纥石烈志宁夺回宿州，宋军于古符离集（今安徽宿州北）大溃逃散，"蹂践饥困而死者，不可胜计"。而这一场历时十八天的战斗，看似开启了宋孝宗"隆兴北伐"，实则却注定了北伐的失败。

满江红·暮春

家住江南，又过了、清明寒食。花径里、一番风雨，一番狼藉。红粉暗随流水去，园林渐觉清阴密。算年年、落尽刺桐花，寒无力。

庭院静，空相忆。无说处，闲愁极。怕流莺乳燕，得知消息。尺素始何处也，彩云依旧无踪迹。谩教人、羞去上层楼，平芜碧。

家住江南，不知不觉又是一年清明寒食。院中的花径上，因一番风雨相侵，已是满地狼藉。落花悄然地随着流水飘零而去，园林中越发觉得清幽荫翳。想这一年年刺桐花落尽之日，便是春寒彻底消退的时候。

庭院里这般寂静，让人只能回忆。心中的那份愁思也无处可说，最怕那枝头上的流莺乳燕，得知我的心思。如今待要写封家书却不知何处可寄，连空中的彩云也不见了踪迹。只是叫人不愿去登上层楼，看那千里平芜，青草如碧。

显而易见，这阕词与《满江红·点火樱桃》有着强烈的词意联系。如果说，彼时的辛弃疾还可以"层楼望，春山叠"，存着一点早归故园的期待，那么到此间他已"羞去上层楼"，不忍再见中原千里的平芜。

去年夏初的那一场"符离之战"给整个朝廷带来了

沉重的打击，无论是主战派还是主和派，似乎人人都对于贸然北伐产生了摇摆和疑虑。张浚被降为江淮宣抚使，都督两淮防线。

与此同时，"倦勤"刚刚一年的太上皇赵构也忍不住发了话，早前被免去宰相之职的主和派人物、秦桧的党羽汤思退复为尚书右仆射，主持朝政。一时间，朝中上下弥散着议和的声音，甚至连宋孝宗也动摇了。

此后数月间，宋与金一直处于议和不成便开战，战而不胜再议和的波折中。对于此时的金世宗完颜雍而言，为了稳固朝局确实不宜与宋开战，但是也不能表现出任何求和的态度，只能以战逼和，让宋廷先行服软。而宋孝宗君臣的举动，也着实没让完颜雍"失望"。

隆兴二年（1164）四月，仍旧在两淮积极部署抗金的张浚被召回朝中，罢去了都督江淮之职，授少师、保信军节度使、出判福州（今福建福州）。年已六十有七的老将深感此生再无望北伐，遂辞却新命，恳请解甲。

就这样，刚刚鼓舞起的北伐呼声的大宋朝廷又被浓烈的议和情绪所包裹，轰轰烈烈的"兴隆北伐"眼看着就要落下帷幕。

随着春尽夏至，辛弃疾江阴签判的任期已然满了，朝廷交给他的新职是通判广德军（今安徽宣城广德县），虽然距离都城临安近了许多，但也远离了长江天堑，远离了两淮战场，更远离了故土中原。

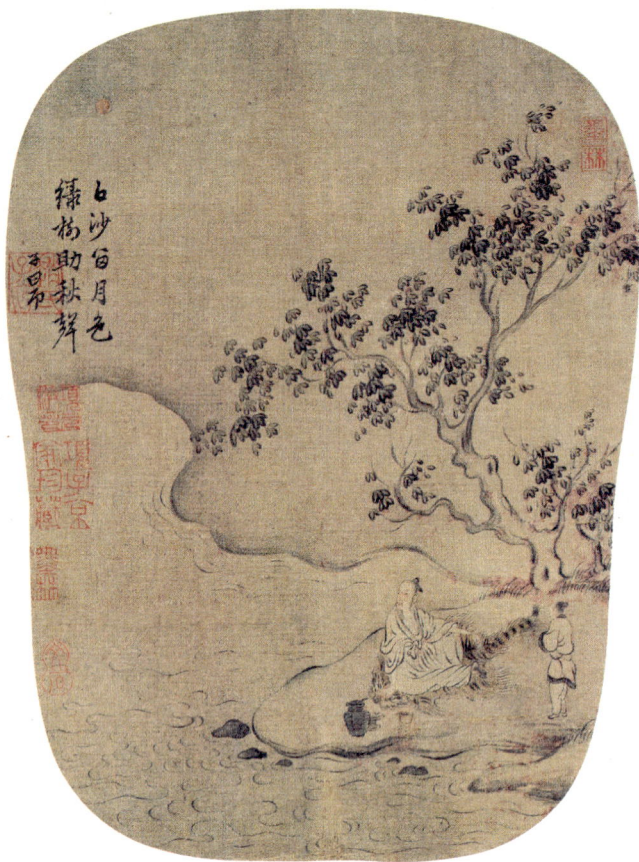

白沙白月色
绿杨助秋声

[宋] 马和之　月色秋声图

此番赴任，辛弃疾并未携带家眷。广德恰又是个清冷幽静的地方，而那可有可无的公务，更使辛弃疾觉得生活索然无味起来。但那一段时日里，他亦或多或少地感受到了朝中君臣乃至许多南来中原士族的心境：如此山清水秀、物产丰茂的江南富土，实在是叫人难以舍下，如能保住眼前的安稳，不再受战乱之苦、逃亡之乱，对已经生活在这里的人而言，可谓美事。

可是，辛弃疾享受不了这样的美好安稳。

满江红·中秋

美景良辰，算只是、可人风月。况素节扬辉，长是十分清彻。着意登楼瞻玉兔，何人张幕遮银阙。倩飞廉、得得为吹开，凭谁说。

弦与望，从圆缺。今与昨，何区别。羡夜来手把，桂花堪折。安得便登天柱上，从容陪伴酬佳节。更如今，不听尘谈清，愁如发。

转眼已是中秋时节，良辰美景，倒也可算作风月怡人。更何况此时月华如水，洒向人间都是满地清光。词人有心登上高楼去赏景，不知是谁牵起帷幕，阻隔了明月。只求风神飞廉，早些吹开云雾，这情怀能与谁说？

从月初到月中，从月圆到月缺，其实这一天天的日子，又有什么区别？纵然是将那蟾宫桂花折取来，也未必能真的登上天柱峰，更无人从容陪伴度此佳节。到此时，再无心听取玄妙清谈，只有万千愁怀。

来到广德已有数月的辛弃疾，在一片孤冷中度过了中秋，这恐怕还是他生平头一回独自过节。他思念起留居江阴的高堂妻儿，但却更惦念千里之外的中原故家。

辛弃疾始终是不甘心的，在他看来，与金人一战势在必行，可朝廷却始终遮遮掩掩，犹豫不决。他不能忍受那些冠冕堂皇的理由，他也不认为为了保住眼前的富贵太平而选择退缩就是正确的。毕竟，真的大丈夫，自该心如铁，补天裂。

正当辛弃疾愁苦烦闷的时候，宋廷也一步步陷入了危局。已然致仕的张浚在余干（今江西上饶余干县）赵氏亲眷的家中病逝。其后不久，宋孝宗竟任命一贯主和的汤思退都督江淮军马，副都督杨存中则是个对军事谋略一窍不通的书生。而汤思退赴任后的首要职责，便是密令守将拆除军备，并将反对撤兵议和的官员们纷纷逮捕入狱。

十月间，金世宗完颜雍为了以战逼和，命金将仆散忠义挥师南下，汤思退等众部毫无戒备，只得败逃而去，两淮州府相继陷落。尽管宋孝宗为了平息朝臣、百姓们的激愤罢贬了汤思退，但这一场辛辛苦苦却支撑了不到一年的"隆兴北伐"大计，就此彻底破灭。宋孝宗无奈之下，只得派遣使者与金人重开议和。

而当这一消息传至广德时，辛弃疾再也忍耐不住了。

臣闻事未至而预图，则处之常有余；事既至而后计，

则应之常不足。虏人凭陵中夏，臣子思酬国耻，普天
率土，此心未尝一日忘。

——《美芹十论·总序》

辛弃疾知道，朝中许多人不愿意北伐，是因为他们
担心准备不足，反致祸乱。但是，在辛弃疾的策略里，
对北伐有着种种计划和构想，唯有如此，才能应对未来
的变故。

事实上，岁初时的"符离之溃"正是因为朝廷自君
王至臣子的思虑不周，每每措置失当，导致惨败。而辛
弃疾作为中原之子，常思国耻，立志收复的理想，从没
有一日敢忘怀。

辛弃疾的《美芹十论》不是空有慷慨的纸上谈兵，
那是他自幼研习兵法兵书的心得，更是他南归后眼见朝
廷几番战斗的得失总结。

今日之事，朝廷一于持重以为成谋，虏人利于尝
试以为得计，故和战之权常出于敌，而我特从而应之。
是以燕山之和未几而京城之围急，城下之盟方成而两
官之狩远。……而不识兵者，徒见胜不可保之为害，
而不悟夫和而不可恃为膏肓之大病，亟遂龃舌以为深
戒。臣窃谓恢复自有定谋，非符离小胜负之可憾，而
朝廷公卿过虑，不言兵之可惜也。古人言"不以小挫
而沮吾大计"，正以此耳。

——《美芹十论·总序》

辛弃疾全然没有避讳宋孝宗以及那些保守大臣的颜面，一针见血地指出金人以战逼和的意图，以及宋廷懦弱可欺的无奈。回望四十多年前，宋徽宗与金人的燕山议和，结果却直接导致了靖康之变，两宫被掳。而早年间正是因为奸相秦桧力主求和，才滋长了金废帝完颜亮一意灭宋的野心。想来，宋金两国无论是战是和，似乎都是顺从了金人的利益，却于大宋毫无益处。

在辛弃疾看来，符离之败固然是张浚等将领思虑不周的缘故，但这毕竟只是一场败仗。而金人为逼议和，对中原地区反反复复的骚扰，对中原百姓的掳掠却是更为深重的灾难。可是，那些安居江南的人们又如何能体会到这种切肤之痛，只因一时之败便惶恐不安，不反思其中的得失对错，只是一味求和，那才是真正的可悲可叹。辛弃疾认为，如果仅仅因为朝廷公卿们过度的担忧而放弃北伐，将是朝廷莫大的遗憾。

满江红

倦客新丰，貂裘敝、征尘满目。弹短铗、青蛇三尺，浩歌谁续。不念英雄江左老，用之可以尊中国。叹诗书、万卷致君人，番沉陆。

休感叹，年华促。人易老，叹难足。有玉人怜我，为簪黄菊。且置请缨封万户，竟须卖剑酬黄犊。叹当年、寂寞贾长沙，伤时哭。

就像唐太宗时的宰辅马周曾困顿于新丰旅店一样，

[宋] 佚名 田垄牧牛图

战国时的苏秦也曾被秦王用一件貂裘打发离去，这都是功名之人漫漫的征途。孟尝君的门客冯谖弹着长铗而歌唱，三尺青锋剑，这英豪气魄又有谁能延续？不要让武将们老死于江东，只要任用他们，便能击败敌寇，重树中华之尊。可叹那些读书万卷的文人，纵然有千万策论，最终却只能隐居乡里。

不要感慨时光易逝，人生易老，这都是没有穷尽的。不如借酒浇愁，还有佳人怜惜我的际遇，为我簪上一朵黄菊，聊作安慰。且把那些请缨封侯的念头放在一边，不如卖掉宝剑换一头黄牛犊去耕田。悲叹那汉时贾谊，只能被贬长沙，在寂寞悲伤中痛哭。

初冬时节的广德县，即便屋中无炭火暖炉，辛弃疾的心也是热烈沸腾的。他一面为朝廷的柔弱而悲愤，一面燃烧着坚持北伐的热忱。此时，仕途落魄的辛弃疾对遭遇了符离之败的张浚等人充满了惋惜，也由此生出更强烈的共鸣。他害怕，若是再无人向宋孝宗进谏，一旦朝廷真的放弃了北伐，那么，他的理想岂非尚未开始，就要付诸东流？他不愿再沉默下去，纵然官职低微，他也要越职上疏，哪怕最后得到的是皇上的责骂，是朝中权臣的弹劾，是上级官属的排挤，他也要将自己的心中所想一一禀呈。

虎踞龙蟠何处是？只有兴亡满目

　　隆兴二年（1164）的秋冬之际，在大宋朝廷忙着与金人议和之时，广德军通判辛弃疾，一个从八品的小官，越职向宋孝宗递交了《美芹十论》札子。

　　古时有乡野之人觉得芹菜极美味，于是将它献给乡里的豪贵之人品尝。谁知那贵人却难以下咽，使得那献芹之人深感羞愧。辛弃疾虽自称呈递"十论"犹如野人献芹，可他却坚信自己的策论是值得君王细品的。

　　在《美芹十论》中，辛弃疾用《审势》《察情》《观衅》三篇分析了金人于战事上的优势与不足，直言金人对宋，实则是有"三不敢必战"和"二必欲尝试"的心态。

　　所谓"三不敢必战"，乃是指金人调兵艰难，并不敢举全国之兵南侵。彼时，宋廷已然收复了海泗诸州（今江苏连云港以及泗洪、泗阳一带），都是能攻易守之地，金人亦不敢擅攻。金国北有契丹余部的骚扰，南有中原义军的抵抗，即便开战，也再不能似当初灭辽侵宋时那般势头强劲，而为了保证朝政的安稳，金国不会轻易言战。

至于"二必欲尝试"，恰恰点明了金人屡屡骚扰、以战逼和的根由。正因为金国害怕宋廷察觉其赢弱，故此虚张声势，尝试以战相逼。此外，金人贪图于宋廷每年的岁币纳贡，为了保住既有利益也会将希望寄托于侥幸的战事胜利。

故此，辛弃疾坚信，只要朝廷上下齐心，敢于同金国决一死战，于气势上先压倒敌人，必能夺取先机。更何况，中原地区还有千千万万企盼王师北定的百姓。

> 方今中原之民，其心果何如哉？……辛巳之岁相挺以兴，矫首南望、思恋旧主者，怨已深、痛已巨，而怒已盈也。逆亮自知形禁势格，巢穴迥遥，恐狂谋无成而窜身无所，故疾趋淮上，侥幸一胜，以谋溃中原之心而求归也。此机不一再，而朝廷虑不及此，中原义兵寻亦溃散。吁！甚可追惜也。

> 又况今日中原之民，非昔日中原之民。曩者民习于治而不知兵，不意之祸如蜂虿作于杯袖，智者不暇谋，勇者不及怒。自乱离以来，心安于斩伐而力闲于攻守，虏人虽暴，有王师为之援，民心坚矣。

> ——《美芹十论·观衅第三》

若说此篇是辛弃疾对民心民情的论述，倒不如说是他这一年多来久藏心底的心声。自绍兴三十一年（1161）金废帝完颜亮举兵南侵后，中原百姓纷纷举义，一个个翘首向南，只盼着朝廷能够收复中原。

沦陷敌国数十载，中原人们无不怨恨深重，而完颜亮也自知中原形势不利久战，因此才急切想要夺取两淮之地，想着只要侥幸获胜，就能灭了中原百姓回归宋廷之心。可惜当时宋廷竟未能把握住如此难得的机遇，乃至于中原义军未能与王师合成夹攻之势，最终溃散。

辛弃疾想要告诉宋孝宗乃至于史浩一干保守之人，中原并非没有豪杰。他们早已不是靖康之变前那些安于升平、不知战乱疾苦之辈。当年的祸患来得那样匆忙，即便有勇有谋者都未能及时应对。而如今，三十多年的血海深仇，已教会了人们如何应对战争。金兵虽然暴虐，可如果有朝廷王师的援助，中原百姓都会奋起一战！

随后，辛弃疾又以《自治》《守淮》《屯田》《致勇》等篇具体论述了宋廷的攻守之策。他深知两淮地区乃军事战略之要地，亦提出坚守江淮，进可取中原，退可保江南的策略，但辛弃疾不希望朝廷只是为了保住江南，而早早地就放弃了出征北伐。

在最后一篇《详战》中，辛弃疾再一次将当年拜见枢密使张浚时的兵法谋略细细阐述。他不惮以汉高祖之韩信、汉光武之耿弇自比，哪怕成为朝臣眼中落落难合

［宋］佚名 烟岚秋晓图（局部）

的狂者，辛弃疾也坚信北伐终能功成。

但是，辛弃疾的《美芹十论》送往临安后，便仿佛石沉大海，再无回音了。这不仅仅是因为宋廷君臣们正忙着与金人议和，更因为彼时的朝中生出了事端。

隆兴二年（1164）的闰十一月十四，同为"归正人"的王世隆被部下李成、秦飞二人告发，称其有谋反叛乱之举。但是，军中亦有人悄悄议论，道是镇江都统制刘宝忌惮王世隆之功，这才设计诬陷。

可不管真相究竟如何，也不管是否有人对此提出质疑，朝廷还是很快判处了王世隆斩刑。而曾经与之并肩作战、擒拿叛贼张安国的辛弃疾，似乎也成了一个夹缝人，甚至因此受到朝臣的冷待和抨击，他只能屈缩在广德，回避着朝堂的种种风波。

不久之后的年终岁尾时节，宋廷终究与金国签订了议和条约，史称"隆兴和议"。从此，宋不再为金之属国，改为叔侄之国，金国承认大宋皇帝之号；每年的岁

贡改称岁币，贡银、绢匹数量各减十万；宋割让商州（今陕西商县）、秦州（今甘肃天水）等地予金，两国边界维持绍兴和议时约定；宋廷归还被俘的金人，而金国也不再追捕那些南逃而来的中原之人。

至于"归正人"辛弃疾，依旧留于广德军通判的任上，继续着他"官闲心定，窃伏思念"的日子。那几年间，辛弃疾结交了些诗文好友，作诗填词，彼此唱和。他们有时也会议论起国事，权当是对一片报效之心的自我安慰。

生查子·和夏中玉

一天霜月明，几处砧声起。客梦已难成，秋色无边际。
旦夕是重阳，菊有黄花蕊。只怕又登高，未饮心先醉。

菩萨蛮·和夏中玉

与君欲赴西楼约，西楼风急征衫薄。且莫上兰舟，怕人清泪流。
临风横玉管，声散江天满。一夜旅中愁，蛩吟不忍休。

〔宋〕佚名 烟风秋晓图（局部）

又是一年秋天了，辛弃疾收到了好友夏中玉自维扬发来的几篇词笺，满纸都是对故人的挂念。于是，辛弃疾也提笔酬和，说起眼前的生活。

秋夜之色，霜白月明，不知何处传来捣衣的砧声。客居任所的辛弃疾难以入梦，只觉得这清冷的秋色无边无际。很快就是重阳佳节了，院子里的菊花也黄了，但辛弃疾哪有什么心情去登高远望，遥远的故乡已再难看见，只怕还未饮酒人已醉去。

辛弃疾想着去赴夏中玉的重阳之约，又担心风急天冷，此情难耐。故而他暂缓登舟而行，只怕那时会清泪满面。阵阵风声里不知谁人吹奏着玉笛，哀婉的笛声洒满江天，这一夜夜的羁旅愁思，都被那寒蛩的鸣叫搅扰不绝。

孤身留居广德县的日子里，从来慷慨豪迈的辛弃疾频繁地流露出清冷孤寂的哀伤。北伐中原的壮志已不可得，隆兴和议后的朝廷也彻彻底底地偏安江南，只想能继续过着歌舞升平的日子。至于辛弃疾魂牵梦绕的中原

故土，恐怕此生此世再也不能重归了。

但是，这并不意味着辛弃疾的人生会就此沉沦。纵然时常难以掩盖心底的愁烦，可他依然会找到新的目标和方向。毕竟，除却北伐大业，大宋朝廷还有那半壁江山，等待着能人志士去匡扶。

辛弃疾出任广德军通判的这几年里，宋孝宗一直在励精图治。他毕竟也有过渴望收复失地的热烈之心，只是身在帝位，总要考虑得更多。

宋金签订"隆兴和议"后的新春正旦，宋孝宗赵昚祀天地于圜丘，大赦天下，改元乾道。一向尊崇道教的赵宋朝廷，大约是希望未来的国朝命运能像《易经》里所说的那般"乾道变化，各正性命""首出庶物，万国咸宁"，希望一切都能如宋孝宗计划的那样稳定发展。

随后的几年里，宋孝宗致力于内政的治理革新。他吸取了宋高宗在位时长期宠信重用秦桧，乃至宰执势力不断坐大的教训，开始缩短宰相的任期，并严格遏制外戚干政。与此同时，宋孝宗屡次下诏减免赋税，严禁各州府提前催收，以免去百姓们的额外负担。又改革盐钞法，将官府拖欠盐商的钱还给盐商，放宽了盐的贸易，使民生经济快速恢复。

更重要的是，宋孝宗并未完全放弃军事上的防备。他任虞允文为参知政事兼同知枢密院事，招揽流散于两淮一带的忠义之士，措置屯田。而这些，恰恰是辛弃疾于《美芹十论·屯田第六》篇里所提及的。

诚然，辛弃疾的《美芹十论》并未能阻止朝廷与金人的议和，但他的部分策论谋略已然得到了宋孝宗的认可。在经过这短暂的冷落后，辛弃疾终究等到了一个可以施展抱负的机会。

[宋]郭熙 窠石平远图

宋孝宗乾道三年（1167）的秋冬之际，辛弃疾结束了通判广德军的任期，但他并没有赶着奔赴下一个任命。

就在那一段时日里，辛弃疾的发妻赵氏病故了。虽说好男儿志在家国，但没有哪一个心怀热血的男儿会是无情负义之辈，辛弃疾亦是如此。

一剪梅

尘洒衣裾客路长。霜林已晚，秋蕊犹香。别离触处是悲凉。梦里青楼，不忍思量。

天宇沉沉落日黄。云遮望眼，山割愁肠。满怀珠玉泪浪浪。欲倩西风，吹到兰房。

尘土洒满了衣裾，这羁旅之途真是太过漫长。晚秋之时霜林醉染，菊蕊飘香，可这别离的情愫是那样悲凉。那梦境里的闺阁情境，实在叫人不忍去细想。

落日昏黄时的天色越发暗沉，云雾遮蔽了双目，那一重重的山峦隔断了思念，更叫人哀伤。不知不觉落下了珠泪，只盼着西风，能将这思念吹到爱妻身旁。

十几年来，赵氏为辛弃疾照料高堂，生儿育女，默默地支持着他的男儿大业。辛弃疾初归朝廷，却横生出张安国叛变的种种事端，而家中安顿诸事全都依赖赵氏操持。随后不久，辛弃疾便赴职外任，团圆日少。官舍萧条中他也常常因为思念赵氏，寄词以慰，只是没想到，等辛弃疾终于可以任满归家时，赵氏却先自去了。

　　大约就是在赵氏离世后不久，辛弃疾决意举家寓居京口（今江苏镇江京口区）。尽管母亲孙氏已经有了春秋，但好在身体还算康健。两个男儿也稍稍长成，读书求学都还省心。家中另有田田、钱钱两位侍妾，性情和顺，跟着赵氏也学了许多理家之道，可谓称心。而当辛弃疾终于料理完发妻的丧事，安顿了家人后，朝廷也发来了新的任职诏令。

　　宋孝宗乾道四年（1168）的秋天，年将而立的辛弃疾授职通判建康府。这不仅仅是官职的升迁，更暗示着朝廷对辛弃疾的器重。自从宋室南渡以来，建康府一直是宋廷对金作战的战略要地。实际上，尽管宋高宗坚持在临安营建宫城，但在很长一段时间里，许多朝臣都上谏请求立都于建康，而建康也一直保留着皇帝临时驻守的行宫。

　　在辛弃疾的《美芹十论·自治第四》篇里曾恳请宋孝宗以建康为都城，认定唯有如此，才能彰显朝廷坚守江淮、意在北伐的决心，而不使君臣百姓有所懈怠，使"三军有所怒而思奋，中原有所恃而思乱"。

　　而今，虽然宋孝宗并没有将都城迁至建康，但能够让辛弃疾任职建康通判，掌管州府粮运、水利以及监察事务，也算是对"归正人"辛弃疾莫大的认可。最重要的是，在建康的时日里，辛弃疾一直被压抑的壮志豪情终于得到了抒发。

　　大约就是在初到建康的时候，辛弃疾将自己的"坦夫"之字改作了"幼安"。他在京口结交的文友周孚听此消息，遂写了一篇祝词以寄，称之是"小过不作，大德可完；中无所愧，其体则胖"。

周孚虽然生于南方，但祖籍济南的他亦是出身官宦之家，从小听着父辈们对山河破碎的悲叹长大，骨子里流淌的仍是中原男儿的热血。故此，他与辛弃疾的结识便因这同乡之情更多了几分惺惺相惜。

可与辛弃疾不同的是，周孚是个相对文弱的书生，他也因此格外敬重辛弃疾的宏阔豪迈。而今，辛弃疾要从一个"坦荡丈夫"变成"幼安"，不仅与"弃疾"之名相合，甚至有了些情意柔然。周孚对辛弃疾最后的祝愿道是"祝子无止，岂惟幼安"，似乎是盼望他能够从此安泰，不必再遭受这些年的崎岖坎坷。

带着老友的祝福，辛弃疾来到了建康。彼时驻守城中的官员，有建康行宫留守史正志（字致道）、淮西军马钱粮总领叶衡、江南东路计度转运副使赵彦端等，都是主张恢复中原的当朝名士。辛弃疾与众人日间共商时政、议论兵法；闲时诗词唱和，以舒胸怀，可谓快哉！

满江红·建康史帅致道席上赋

鹏翼垂空，笑人世，苍然无物。又还向、九重深处，玉阶山立。袖里珍奇光五色，他年要补天西北。且归来、谈笑护长江，波澄碧。

佳丽地，文章伯。《金缕》唱，红牙拍。看尊前飞下，日边消息。料想宝香黄阁梦，依然画舫青溪笛。待如今、端的约钟山，长相识。

这一日天气晴好，史正志兴致偶起，便在秦淮青溪的画舫上设下酒宴，邀来这些意气相投的诗友们，宴饮欢聚，赋诗填词。在这样的时刻，辛弃疾从来是当仁不让的。他略作沉思，挥笔写就了一阕《满江红》。

辛弃疾对史正志是充满敬仰的，将其看作振翅高飞扶摇直上的大鹏，是可以笑傲人世的国之栋梁。文中写史正志身入九重朝堂，在那玉石台阶上傲然屹立，怀揣着五彩奇光的宝石，犹如当年补天的女娲，要将守护山河、恢复中原的重任来担当。于是，他来到了此地，谈笑间守护着长江天堑，看着江水碧波向东流去。

金陵古城建康府，从来都是江南佳丽之地，多少文坛名士聚集于此。每每宴饮享乐，总听人拍红牙拍，唱起那多情绮靡的《金缕曲》。而眼前在座的人们，更盼望着传来朝廷决议北伐的消息。但愿将来功成名就之时，能依然记得这青溪画舫上的笛声。这一刻，不若先与那钟山做个约定，待日后可以常住山林。

当时，无论是辛弃疾还是史正志等人，似乎又都对北伐燃起了希望。而那几年里，朝廷确实在军备诸事上颇为用心。

乾道五年（1169）间，宋孝宗赵昚有意修改"隆兴和议"中的部分侮辱性条约，却都被金世宗完颜雍断然回绝。这令宋孝宗大为恼火。十一月间，宋孝宗进行了一系列的军事举措，复置了淮东万弩手，命名为神劲军。

又在广东增置水军，将明州定海县（今浙江舟山定海县）水军设为御前水军，不断地加强军事防备，大有不惧与金人开战的气魄。宋孝宗还亲自学习骑射之术，甚至为此险些伤了眼睛。

但即便如此，宋廷终究未能与金人一战。

这并非宋孝宗软弱无能。尽管他已登基多年，是一个四十二岁的有为之君，可德寿宫中还有一位六十二岁的太上皇。纵然宋高宗赵构没有垂帘听政，到底给宋孝宗增添了许多掣肘之处。

更重要的是，金世宗完颜雍亦是个贤明之君，其在位数年，金国群臣守职，上下相安，仓廪有余。尽管他没有在宋金两国的臣属关系上再度让步，一直压制着宋廷，但其对于两国邦交的宗旨，仍旧是和平相处，总会设法避免两国邦交的恶化。

在这战不能战的时局之下，辛弃疾与史正志等人的北伐宏愿也只能一直停留在备战阶段。他们眼前所做的，看似是厉兵秣马，却终究不能扭转乾坤。

念奴娇·登建康赏心亭呈史留守致道

我来吊古，上危楼，赢得闲愁千斛。虎踞龙蟠何处是？只有兴亡满目。柳外斜阳，水边归鸟，陇上吹乔木。片帆西去，一声谁喷霜竹？

却忆安石风流，东山岁晚，泪落哀筝曲。儿辈功名都付与，长日惟消棋局。宝镜难寻，碧云将暮，谁劝杯中绿？江头风怒，朝来波浪翻屋。

　　大约是在建康城的一个秋日，或许就是在乾道五年（1169）史正志重修建康府城墙以增强防御之时，辛弃疾与他一同登上了下水门的城头。这里是城内秦淮之水汇入长江之所，抬头眺望，便可看见江水东流，是个极容易惹人生出凭吊追思之情的地方。

　　满心里仍旧想着生平功业、北伐大计的辛弃疾自然不会例外。他来到这金陵城中凭吊古人遗迹，登上高楼，

[宋] 佚名 江城图

却落得愁闷千重。当年虎踞龙蟠的帝王之城今在何处？满目所见的只有千古兴亡的遗踪。台城柳树外悬挂着将落的夕阳，水边的鸟儿也都飞回了巢中，远处的田埂上，冷风吹拂着高大的树。滔滔的江岸上，一只孤帆舟船正在西去，不知何人吹奏起竹笛，声声清冷，更叫人哀愁。

遥想起六朝时的风流宰相谢安，纵然功绩赫赫，晚年时却也只能隐居东山，一曲哀筝也可引起伤恸。他将那建功扬名的希望都寄托在后辈身上，把漫漫的余生都消耗在弈棋中。没有那可以照人肺腑的明镜，知音也越发难求，在这碧云满天的日暮时刻，还有谁能共饮一盅？江上的风声越发猛烈，那江涛掀起时只觉得可以掀翻岸边的草屋。

若论年纪，史正志该算作辛弃疾的长辈。此时，他们都得知岁末时史正志就要调离建康的消息，故而辛弃疾的词意充满了不舍，也隐含着对史正志此番驻守建康，练兵备战之功业的感慨和终究未能与金一战的叹息。

不知道在建康城头登览的时候，辛弃疾是否回想起一位同乡前辈，那便是曾经的提点京东路刑狱李格非之女、秘阁修撰赵明诚之妻，易安居士李清照。

尽管辛弃疾填词颇似苏轼，言语豪放，喜好用典，但偶尔也好作些清新婉约之句，颇有易安居士之意蕴。易安居士传世之作虽少，却多有警句，十分难得。其词作婉约，诗章倒有浑厚气象，不失中原儿女之豪迈。

闻得易安居士随朝廷南渡，暂寓建康时曾有"生当作人杰，死亦为鬼雄。至今思项羽，不肯过江东"之诗，后又有"南渡衣冠少王导，北来消息欠刘琨"之残句，叫身为男儿的辛弃疾都不得不深为敬服。而辛弃疾转念一想，连深闺中柔弱女子都不能坐视山河半壁的奇耻大辱，为何朝中无数男儿士子，竟多是怯懦贪生之辈？

这些年，朝中主和的大臣们都认为朝廷实力薄弱，不足以抗衡中原。但辛弃疾却认为，不足以抗衡可以修整军政，而放弃抗衡却是最大的遗憾。北伐大业注定是一场漫长的征途，辛弃疾并不害怕等待，他只是害怕此时的等待都终将变得毫无意义。

在出任建康通判的日子里，辛弃疾度过了南归以来极难得的快意时期。尽管辛弃疾也曾为了朝廷在北伐战事上的犹豫不决而生出烦恼，但能够与史正志、叶衡等人交往一场，在金陵城大江边厉兵秣马一番，也算是有所安慰了。而这一段时光，也锻炼了辛弃疾处理政务的能力，更促使其对北伐大计有了更深的思考。

只是，此时的辛弃疾仍对未来有着一丝迷茫和疑惑：随着通判建康府任满之期的不断临近，辛弃疾也不知道自己将来该去何处，他们这些人心心念念的恢复大计终究什么时候才能得见光明。

乾道六年（1170）的春暮夏初，辛弃疾结束了建康通判之任，奉诏前往都城临安述职。令他又惊又喜的是，此番入京竟得到了宋孝宗的亲自召见。

前一年六月，力主北伐的虞允文被宋孝宗召回临安，其官职一升再升，终拜为尚书右仆射同中书门下平章事兼枢密使，执掌朝中。此前，宋廷为了修改议和条约的事与金人生出嫌隙，宋孝宗的心里一直是愤愤不平。而彼时的朝廷因为数年的休养生息，似乎也为二次北伐准备好了后勤支撑。这一点微妙的心态，促使宋孝宗开始重用主战之臣，商讨北伐之计。

至于辛弃疾，则是因为他的一篇《论阻江为险须藉两淮疏》，再一次引起了宋孝宗的关注。

> 虏骑之来也，常先以精骑由濠梁破滁州，然后淮东之兵方敢入寇；其去也，唯滁之兵为最后。由此观之，自古及今，南兵之守淮、北兵之攻淮，未尝不先以精兵断其中也。
>
> ——《论阻江为险须藉两淮疏》

和所有善知兵法的人一样，辛弃疾一直极为看重两淮的战略地位。从古至今，所有立足于江南的统治者，名义上说是以长江为界，实际上，真正能保住长江之险的，必定先占据了两淮。

辛弃疾在奏疏中列举了金人几番南下时的行兵之策，得出金人往往会占据滁州（今安徽滁州），将平原辽阔的两淮截为两段，如此方敢继续进军，而每每撤退时，也会将滁州视作留守掩护之地。由此可知，以重兵隔断其间，对于争夺两淮、攻守长江有着极重要的意义。

想来，那一日觐见宋孝宗时，在皇宫大内的延和

［宋］叶肖岩　西湖十景图

殿上，辛弃疾也曾将自己关于"练兵守淮"的种种谋略一一陈述。这恐怕是他有生以来最为荣耀的时刻，也是南归以后得到的最大的鼓舞。尽管在觐见皇上之后，辛弃疾所授之职仅仅是掌管朝廷仓廪、籍田事物的司农寺主簿，但他从未因此而流露出沮丧和失落。实际上，对于一直担任军州佐职的辛弃疾来说，正可以利用司农寺主簿的职务之便，了解朝廷粮仓、草料场，以及营种屯田等诸多相关事务。而这些，乃是一个国家能够发起战争的最重要的前提。

好事近·西湖

日日过西湖，冷浸一天寒玉。山色虽言如画，想画时难邈。

前弦后管夹歌钟，才断又重续。相次藕花开也，几兰舟飞逐。

任职临安后，辛弃疾日日都会走过西湖，前往署衙公干。那清凉的湖水仿佛一片寒玉，四围的山色则如画一般，却又难以描画。湖上总是回荡着管弦歌乐之声，这里刚刚唱罢，那里便又响起。夏日已至，湖上的荷花竞相开放，多少小舟飞驰湖上，当是赏景的好时候。

天下文人，无不深爱西湖，而六月西湖，更是美不胜收，可辛弃疾的这一番描摹却显得有些平常。或许，这不是因为他不爱西湖之景，而是他的心里存着比西湖美景更重要的东西——家国山河。

今年太平万里，罢长淮，千骑临秋

在担任司农寺主簿后的数月间，辛弃疾写成一篇《九议》，呈交给了当朝宰相虞允文。或许，最初一力举荐辛弃疾入朝参见，建议授予其司农寺主簿一职的人，就是虞允文。

相较于隆兴北伐时志大才疏的主帅张浚，虞允文更具谋略，且为人慷慨磊落，善于用才。当初采石矶一战，虞允文之才能早已显现。隆兴元年（1163），虞允文曾竭力反对当时的宰执史浩弃山东保两淮之说，认为朝廷对金"有八可战"。实际上，北伐之初，宋孝宗若是多听取虞允文的意见，而不是将军事大权都交付张浚，又或者"符离之溃"后启用虞允文而非汤思退等人，也许大宋的朝局已是另一番境况。

想那时，写下《美芹十论》的辛弃疾自然引起了虞允文的注意，而辛弃疾也对这位朝中前辈心存敬仰。只可惜，彼时二人都未得其位，只能各自叹息。如今，虞允文执掌朝中，他终于可以实现自己的主张，也为那些怀才不遇的报国之士开启了一条希望之路。

> 战者天下之危事，恢复国家之大功，而江左所未尝有也。持天下之危事，求未尝有之大功，此缙绅之论党同伐异、一唱群和、以为不可者钦？……谋者逐，勇者废，天下又将以兵为讳矣，则夫用兵者讳兵之始也。某以为他日之战当有必胜之术，欲其胜也，必先定规模而后从事，故凡小胜不骄、小负不沮者，规模素定也。
>
> ——《九议·序》

无论是上奏皇帝的《美芹十论》，还是呈献给宰相虞允文的《九议》，辛弃疾的笔势一直充满了浩荡之气，条分缕析间流露出他那奔放豪迈的性情。

辛弃疾从始至终都坚定着北伐的信念。他知道，发动战争是危险的，但事关恢复山河的大业，故此，偏安江南的人们对北伐总是抱着一种踌躇难决的态度，那些朝廷官员们也因此分立两派，争执不休，而主和派几乎一直占据着上风。如此一来，有勇有谋之人都被排挤出了朝廷，那天底下越发没有敢于言战之人了，北伐大业也终将成为空想。

这是辛弃疾宁死也不愿看见的。天下事，预则立，不预则废。辛弃疾坚持与金人一战，是因为他有着完备的计划，相信一定能够获胜。但对于战场而言，最关键的法则是胜不骄败不馁，坚持如一，万万不可中途放弃。

《九议》是辛弃疾对《美芹十论》的进一步拓展补充，凝聚了他十几年来对北伐大业的思考，寄托着他的政治理想和人生抱负。而他所秉持的观点，在很大程度上与虞允文的北伐理念是相吻合的，这也为他的仕途带来了相对光明的前景。

青玉案·元夕

东风夜放花千树，更吹落，星如雨。宝马雕车香满路。凤箫声动，玉壶光转，一夜鱼龙舞。

蛾儿雪柳黄金缕，笑语盈盈暗香去。众里寻他千百度。蓦然回首，那人却在，灯火阑珊处。

仿若是一夜东风吹拂起千树繁花一般，那各处悬挂的灯彩就像是坠落如雨的星光。在这上元佳节的时候，街头巷尾挤满了出来游赏的人们，处处都是歌乐之声，更有人舞动鱼龙彩灯，光彩闪耀。

许多闺阁佳人笑语盈盈地走过，头上佩戴着蛾儿雪柳的鲜艳装饰，更散发出阵阵幽香。在这一片喧闹之中，我千方百计地寻找着那个意中之人，却在不经意间回首一望，发现他在那灯火寥落的地方。

这一阕《青玉案》，世人可以将其看作单纯的男女相思，也可以看作美人芳草之喻。但不管是哪一种，似乎都很符合彼时辛弃疾的际遇和心境。

宋孝宗乾道七年（1171）的上元时节，辛弃疾想必还是一个人孤零零地待在临安城里。当然，他应该也会有侍妾陪伴左右，可对于当时的文人士大夫而言，男儿无妻，多少有些心中无底。

夫人赵氏已经辞世数载，辛弃疾正值壮年，娶一房妻室执掌门庭也算是合情合理。只不过辛弃疾并不着急：娶妻容易，可要遇到一个志趣相投的闺中知己却仍须费些时日。临安城中不乏闺阁千金，但她们中的绝大多数都是朝廷南渡后才出生的，十几年的安稳人生早已养得金尊玉贵，哪里能懂得辛弃疾这"归正人"的伤心？

也许，在"蓦然回首"的那一刻，辛弃疾的心底里已经有了一个朦朦胧胧的身影。

赵氏亡故后，辛弃疾举家迁居京口。在那里，他终于得以拜见有着"河北孟尝"之美名的范公，正是当年金废帝完颜亮率军侵宋，中原豪杰并起时，开城以迎王师的新息县令范邦彦。

当时，朝廷因范邦彦年事已高，只授其签书镇江军节度使判官厅事，后又添差镇江通判，家居京口。范邦彦长子范如山是个纯孝之人，他因此不肯出仕，只一心留在家中侍奉高堂，照料弟妹。

范邦彦比辛弃疾年长十一岁，同为中州男儿，自然也意气凌云，但却比辛弃疾更显沉稳内敛。二人相交十分投契，往来之间，辛弃疾便也成了范府的常客。

一日登门，辛弃疾偶遇范家小妹。但见其言语行动都颇有长兄风范，相较于江南女子的文弱娴静，更显中原女儿的爽朗风姿。只是彼时辛弃疾发妻新丧，前途未定，故此并无遐思。而今想来，范家小妹当已长成，也不知她出落得如何模样，是否已定下人家。

如此胡思乱想一阵，辛弃疾都为自己的儿女情长哂笑不已。紧接着，他又不得不泛起更深的愁思。对于此时的辛弃疾而言，恐怕更希望自己在千百度的寻觅后，终究能得到明主圣君的赏识，可以让他尽情施展自己的理想抱负。

乾道八年（1172）的正月刚过，在当朝宰辅虞允文的任命下，辛弃疾出知滁州。那里，正是他在《论阻江为险须藉两淮疏》中所言，可以截断两淮，进可攻退可守的军事要地。而虞允文此举之意，则是要让辛弃疾按其《九议》中所议，以滁州为据点，实践他的谋略主张。

> 今两淮州郡，朝廷功名地也，盖河北可以裂天下，山东可以趋河北，两淮可以窥山东。朝廷不知重此，而太守数易、才否并置，类非可以语此事规模者，某窃譬之有其器而不知其用者也。
>
> ——《九议·其五》

> 正取之计已定，然后谋所以富国强兵者：除戎器，练军实，修军政，习骑射，造海舰，凡此所以强兵也。

其要在于为之以阴，行之以渐，使敌人莫吾觉耳。

——《九议·其七》

在辛弃疾的所有论疏中，他一直强调两淮的重要性。大宋军队只要掌控了两淮，便可以窥视山东，由此才能进军河北，直捣敌巢，夺取天下。但辛弃疾有所不满的，则是朝廷为了防止权力集中，不论才优才劣，频繁地更换着两淮诸州的执政官，乃至于一些官员或是灰心，或是懒政，都不愿在州政上耗费心力，两淮之地一直没能州富民强。

辛弃疾相信，只要朝廷坚定了北伐的信念，从此整治军队，训练兵马，修造战舰，一定能够练就一支强大的军队。当然，最关键的则是这一切的准备都要悄悄进行，不能够被金人察觉。

而今，辛弃疾成了淮南东路上州——滁州城的最高长官，他可以放开手脚，一步步践行自己的胸中谋略。

乾道八年春，济南辛侯自司农寺簿来守滁。时滁人方苦于饥，商旅不行，市物翔贵，民之居茅竹相比，每大风作惴惴然不自安。

——周孚《滁州奠枕楼记》

尽管辛弃疾曾在写给朝廷的奏疏中一再强调滁州的军事地位，但也如同他所批评的那样，朝廷驻守此间的官员们并没有好好治理这座州城。辛弃疾初至滁州时，百姓们都陷于饥荒之中，那些商旅之人都不愿来这里出售货物，故而市集上的物价昂贵，几乎无人来买。百姓们生活贫寒，居所都是茅草房屋，每每大风起时仿佛都会倒塌。

如此境况自然叫辛弃疾心痛不已，但也激起了他的斗志。数月之后，当辛弃疾邀请老友周孚前来滁州客游，并邀请他出任滁州州学的教授时，这座曾经萧条破落的城面貌一新。

> 侯既至，释民之负于官者钱五百八十万有奇，凡商旅之过其郡，有输于官令减旧之十七。侯又陶瓦伐木，贷民以钱，使新其屋，以绝火灾。夏麦大熟，商旅坌集，榷酤之课倍增，流亡复还，民始苏。
>
> ——周孚《滁州奠枕楼记》

辛弃疾上任之初，便面临着收缴五百八十万余上供钱的重任。所谓上供钱，乃是从唐朝中晚期时形成的规矩：家国祸乱，朝廷府库不足时，百姓只得额外缴纳上供。宋室南渡之后，虽然民生渐渐好转，但仍留存了上供之例，为的是让各州府都有钱存余，以防不虞之祸。

为此，辛弃疾上疏朝廷，恳请朝廷免去了滁州百姓的上供钱，让这个"民疾而贫"的疮痍之地得以喘息。随后，辛弃疾又下令，但凡商旅前来滁州买卖货物都会减免赋税，使得商贸复又通行。

为了让百姓们能够安居乐业，辛弃疾将府库银钱借贷给百姓，命人烧瓦伐木，帮助百姓们修造新屋，更消除了茅草房舍容易失火的隐患。

从春至夏，短短数月间，滁州已是个谷物丰收、商旅云集的新城，甚至还开设了官府酒坊，获取了不菲的税收。那些原本因为穷困而流亡在外的百姓都回到了家乡，生计得以恢复。如此情境不得不令人大为慨叹，但辛弃疾却不肯就此停歇。

> 侯乃以公之余钱，取材于西南山，役州之闲兵，创客邸于其市，以待四方之以事至者。既成，又于其上作奠枕楼，使民以岁时登临之。
>
> ——周孚《滁州奠枕楼记》

这年秋天，丰收之后的滁州百姓安乐，府库富足。于是，辛弃疾便命人从城西南的山上砍伐木材，在市集里修建起了两座邸馆楼阁——繁雄馆、奠枕楼。

所谓繁雄馆，乃是一处招揽四方有才之士的客邸。辛弃疾在安顿了民生后，便如其在《美芹十论》和《九议》中所谋划的那样，招抚两淮义士流民，屯田练兵。至于那些苦于劳作的寻常百姓，辛弃疾则为他们营建起可以登高赏景的奠枕楼，以作休憩之所。

距当时一百二十五年前，就在滁州城西南的那座林壑尤美的琅琊山上，欧阳修写下了千古名篇《醉翁亭记》。那时节，滁州太守欧阳修虽是被贬至此，却能在山水之间寻得一片风霜高洁的心境，更能与城中百姓同游山岭，

[宋] 杨威（传） 耕获图

临溪而渔，酿泉为酒，"醉能同其乐，醒能述以文"。

而今，同样作为滁州太守的辛弃疾却没有欧阳修的落拓潇洒，此时的他，只有满怀的壮志豪情。

声声慢·滁州旅次登楼作和李清宇韵

征埃成阵，行客相逢，都道幻出层楼。指点檐牙高处，浪拥云浮。今年太平万里，罢长淮、千骑临秋。凭栏望，有东南佳气，西北神州。

千古怀嵩人去，还笑我、身在楚尾吴头。看取弓刀，陌上车马如流。从今赏心乐事，剩安排、酒令诗筹。华胥梦，愿年年、人似旧游。

这年秋风起时，滁州奠枕楼落成了。辛弃疾与州衙官署、诗文好友们同登楼上，或吟诗，或填词，或作赋，以寄情怀。楼名奠枕，取意安居。辛弃疾营建此楼，不是为了游览观赏的享受，而是为了纪念滁州百姓在饱受战乱贫瘠之苦后，终于得以片刻的安歇。

此时的滁州城内，路上行人如织，踏起的尘埃飞扬，

［宋］夏明远 楼阁图

往来之人都望此奠枕楼而止不住地感叹轩阁的奇异景观。那飞檐高高耸起，仿佛连缀起空中的云彩。这一年是一个太平之年，淮河之上再没有了兵马列阵，金人也不再来犯。此刻凭栏而望，那帝王所居之东南上仿佛祥瑞笼罩，看向西北，则是等待收复的中原神州。

千百年前的大唐名将李德裕曾被贬滁州，在这里修建起遥望神都洛阳的怀嵩楼。那古人已经远去，如今的人只会问我为何要留在这楚尾吴头的地方。看那道路两旁提取刀弓的巡卒，还有田野道途之上的车如流水马如游龙。从现在起，不若安享这赏心乐事，诗词酒令且请尽兴。这里就是那上古时代安定祥和的华胥国，愿百姓们年年都能如此故地重游，永享太平。

相较于前代文豪欧阳修，此时的辛弃疾似乎更愿意以唐朝武将李德裕自比。虽然他已经为滁州的百姓营造了一方安乐之所，似乎可以享受太平，但辛弃疾仍旧克制不住地想起收复神州的家国大计。

实际上，那"罢长淮、千骑临秋"的太平是因为宋廷害怕与金人生出嫌隙，不敢屯军淮水得来的。而这，正是令辛弃疾大为愤慨之处。

当初，右相虞允文在朝堂上就曾明言，如今的金国一心求稳，他们鉴于金废帝完颜亮之败，绝不敢轻举妄动，对宋用兵都只是虚张声势罢了。而虞允文和辛弃疾所要利用的，正是金人战不敢战的心态。他们要趁此秘密练兵，加强边防，要改变朝廷自南渡以来的被动局面。

正是在这一年，辛弃疾曾向朝廷进言，说出了大宋王朝更为久远的忧患。

> 仇虏六十年后必灭，虏灭，而宋之忧方大。

> ——于钦《齐乘·辛幼安》

在辛弃疾看来，金人并不足虑，六十年后其国必亡。而大宋朝廷若此时不能强大，那未来将面临着更大的隐患。因为在金国之外，蒙古草原上的部族已纷纷崛起。

宋孝宗乾道八年（1172）十一月十日，辛弃疾在府衙的书房里会见了一位来客。那是滁州下辖全椒县僧人智淳，他向辛弃疾呈上了一份宋太祖赵匡胤手书——《赐王晶帖》。

周世宗柴荣在位时，曾命时任殿前都指挥使的赵匡胤攻打淮南之地，而晋阳（今山西太原晋源区）人王晶效力麾下，奉命来至滁州。这张字帖，正是宋太祖赵匡胤写给王晶的任命书。

望着这陡然而至的珍宝，辛弃疾不觉心潮澎湃。他想起宋仁宗时文正公司马光的一段议论，道是滁州虽然地处偏僻，实则是太祖皇帝建功立业、肇开王迹之所，宋仁宗也认为滁州是太祖皇帝的“受命之端”。故此，时任滁州知州王靖上疏朝廷，在滁州建起了一座端命殿，以供奉太祖画像，记其兴建开国之功。

建炎三年（1129），金兵压境，宋高宗遂命人将太祖画移至建康府万寿观，而这座滁州端命殿则因战火焚荡不存。

或许，辛弃疾也曾想过复建端命殿。但这并不同于他修造繁雄馆、奠枕楼，须得经过当今皇上乃至太上皇的同意。辛弃疾是多么期望，高高在上的君王能够因为滁州是太祖的受命之端而对此地略加青眼，在这里屯兵备战，让滁州再度成为王朝中兴、中原恢复的开端。

然而，辛弃疾的这一心愿始终未能实现。

早在这年的九月间，左右丞相虞允文、梁克家因与宋孝宗潜邸旧人、时任宣承使的曾觌有所抵牾而恳请离朝。宋孝宗一则为平息朝臣矛盾，二则为安定蜀地，准备北伐，故外授虞允文为少保、武安军节度使、四川宣抚使，封雍国公，命其前往成都府筹措军马粮草。但年已花甲的虞允文似乎是心有余而力不足，镇蜀之后一直没有制订出进兵计划，不但君臣心生隔阂，北伐大计也因此被耽搁。

转眼已是乾道九年（1173）的新春，正月初三那日，滁州城降下漫天的大雪。至初五日，天气放晴，山河之间，尽皆茫茫。辛弃疾兴之所至，便约了周孚、燕世良、陈驰弼等几位同僚署官登上了琅琊山，于山间开化寺、清风洞一游，题记留念。

此时的辛弃疾，也能在滁州继续着有限的华胥梦境，只要能保住这一方百姓的平安，也算是一桩可以自许的功业了。

感皇恩·滁州为范倅寿

春事到清明，十分花柳。唤得笙歌劝君酒。酒如春好，春色年年如旧。青春元不老，君知否。

席上看君，竹清松瘦。待与青春斗长久。三山归路，明日天香襟袖。更持金盏起，为君寿。

这年清明，正是春和景明、花柳繁茂的时候。滁州通判范昂庆祝生辰，他备下酒席歌舞，邀请州府长官辛弃疾并一些同僚宴饮，彼此唱和劝酒，暂求逍遥。也许，宴席上所饮之酒便是去岁新设酒坊酿制的佳品，酒味里带着春意，而春色仿佛岁岁如旧。辛弃疾劝范昂不必为年华老去担忧，只要心境不改，便会青春常驻。

与身高体健、精神如虎的辛弃疾相比，范昂则是瘦如松竹，品节清高。但不管是谁，都有着不服老、不认输的天性，要与青春比一比谁的精气神更为长久。范昂任期将满，听说朝廷已授其馆阁之职，但愿来日重归朝中，能够换得满袖天香。而此时，众人当再举金盏，为他恭贺一盅。

这一年的中秋时节，范昂任满归朝。此前，他曾上疏朝廷，恳请能将滁州继续纳入朝廷极边推赏的名额，可朝廷迟迟未予回复。于是，辛弃疾又再度为此上疏，认为滁州虽不是极边之城，但地理位置极为特

［宋］佚名　柳荫醉归图

殊，故此希望朝廷能够恩准他与范昂的奏议，将滁州比附极边推赏。

　　辛弃疾的这一道奏疏终于得到了朝廷的准允，但他却没料到，这竟是自己为滁州所做的最后一件事。

　　这年入冬之时，辛弃疾忽犯筋骨之疾。因是大寒节气，病症竟一时沉重，乃至无力处理公务，只得辞去滁州之职，归居京口家中疗养。

　　虽说是赋闲，可辛弃疾却充满了无奈，遥念滁州情形，再思眼前境况，这一个冬天里又生出无限烦恼。还有一件事，让辛弃疾每每想起时，亦觉伤怀。

记得去岁滁州奠枕楼新成，辛弃疾曾邀好友范如山前去一游。他本有心提携范如山，请其出仕。谁承想，此后不久便传来范邦彦病重，旋即离世的消息。自此，范如山为父守丧，终日闭门谢客，不能出游。

辛弃疾伤怀的不单单是范邦彦的离世，更为其南归朝廷却未得重用而叹息。当初范邦彦归朝，按制应当超拔其职，可朝廷却授其添差湖川长兴丞。后来签书镇江军，范邦彦被召赴都堂审查，本也可拔擢，偏偏又因年老而不受重用。

或许，在当今圣上和朝中宰执看来，这是对范邦彦的体恤，却从未想过他们这些南归之人的本心，就是期望在人生最后的时日里，能为朝廷、为收复中原，多做一些事情。而那时，病中的辛弃疾可能也会于夜半梦醒时生出隐隐的担忧，害怕自己有朝一日成为朝廷眼中无用的人，便再也没有了报效的机会。

不过，辛弃疾的担忧到底有些为时太早。毕竟三十五岁的他正值壮年，一待冬去春来，身体便恢复了强健。与此同时，辛弃疾也得到消息，当年同在建康任职的忘年之交叶衡因出知荆南（今湖北荆州）时颇有功绩，深得宋孝宗称赞。故宋孝宗召其入朝觐见，赏赐御书墨宝，命其出知建康府兼管内劝农营田使、江南东路安抚使等职。

淳熙元年（1174）的正月初，在叶衡正式出任建康知府后，辛弃疾显得异常兴奋。这不仅仅是因为好友的官职得以升迁，更是因为辛弃疾由此看到了朝廷依然渴望整军北伐的希望。

当然，辛弃疾也明白，他那因病暂且搁置下的家国事业，至此又有了新的征途。果然，随后不久，一道任命辛弃疾为江东安抚使参议官的诏令便传至了京口。

水龙吟

——壮年时，宦海难慰英雄泪

　　时已入秋，辛弃疾又一次登上建康下水门城头的赏心亭。他看着滚滚江水、一座座山生出无限愁意。日暮时空中悲鸣的孤雁，恰似这羁绊江南的游子。把玩着吴钩利器，拍遍栏杆，却无一个知己能明白登临之意。此时休要再说江南鲈鱼的鲜美，西风吹尽时，久别故乡的张季鹰可曾归去？男儿若似许汜，只在乎富贵荣华，只怕羞于同刘备那样的英豪并列。时光如逝水，山河飘摇，叫人如何能够忍受。只能恳请那红袖佳人，擦去英雄落魄的泪水。

水龙吟·登建康赏心亭

楚天千里清秋，水随天去秋无际。

遥岑远目，献愁供恨，玉簪螺髻。

落日楼头，断鸿声里，江南游子。

把吴钩看了，栏杆拍遍，无人会，登临意。

休说鲈鱼堪脍，尽西风，季鹰归未？求田问舍，怕应羞见，刘郎才气。可惜流年，忧愁风雨，树犹如此！倩何人唤取，红巾翠袖，揾英雄泪？

［宋］燕肃　关山积雪图

倩何人唤取，红巾翠袖，揾英雄泪

宋孝宗淳熙元年（1174）的《建康府安抚司签厅题名》上，"辛弃疾"三个字赫然列于首位。毋庸置疑，他的此番出任得益于主官叶衡的推重，这在历朝历代的官场中都是常见的。

辛弃疾的好友周孚曾于乾道二年（1166）得中进士，虽然才藻卓绝，却性格凌傲，多有不群，故而仕途不顺。所以，辛弃疾赴任滁州后便将周孚招揽入府，权充州学教授。而辛弃疾因病离任时，周孚便也随他离去。从某种角度来说，周孚在那一段时间里充当着辛弃疾幕僚的角色，只不过联系他们的纽带并不是功名利禄，而是以诚相待的友情。

伏自顷者易镇南荆，抗旌西蜀，相望百舍，缅惟跋涉之劳。欲致一书，少效寒暄之问；适以筋骸之疢，退安闾里之居。既乏使令，莫附置邮，虽攀援之意未始少变，而弛旷之罪其何以逃？非大德之普容，岂细故之可略。

——周孚《代贺叶留守启》

这年正月二十六日，叶衡于建康府州衙就任。与此同时，周孚代辛弃疾所写的《代贺叶留守启》也已呈送至公案上。

想这世上追逐功名之人，很少能有辛弃疾这般坦荡的心襟。他发自真心地称颂了叶衡在荆南、西蜀两地的功劳，表达着对他的挂念，也诉说着自己的近况。最重要的是，辛弃疾毫不掩饰他渴望追随攀援叶衡的心境，看似有些诚惶诚恐，却是因为对彼此的了解而坦然表露的真诚。

六年前通判建康府的那段经历，可以认作是辛弃疾功名坦途的开始。而结识叶衡，也是其人生中的一件幸事。

自惟菅蒯，尝侍门墙。拯困扶危，韬瑕匿垢，不敢忘提耳之诲，何以报沦肌之恩？

——周孚《代贺叶留守启》

尽管辛弃疾很少对外宣扬他与叶衡旧时的交情，但身边的挚友们却都知道，若没有叶衡的帮扶，辛弃疾可能无法走到今天。尤其是他初回朝廷的那几年，因为宰辅的史浩对"归正人"的偏见，因为越职上书《美芹十议》，因为突如其来的王世隆谋反案，辛弃疾曾遭受过许多的坎坷与不公，初涉朝政、性格刚直的他甚至可能因为一时不慎而犯下过错。但这些，最终都因叶衡"拯困扶危，韬瑕匿垢"的胸怀气魄得到了庇护。对于崇节尚气、重情重义的辛弃疾而言，这都是他至死都不能忘怀的。

二月十一日，恰是春分。京口的江岸码头边，周孚送辛弃疾赴任建康。尽管此番他并不能一同随行，却仍以"只今参佐须孙楚，何日公卿属范云"之句期盼着辛弃疾能早日功成名就。

然而，乘着一叶扁舟逆江西上的辛弃疾大概没有料到，他此后的仕途纵然会步步高登，却也如这江上舟船，漂泊无依了。

正当辛弃疾满怀雄心地来到建康府，盼望着跟随叶衡再创一番功业，以报知遇之恩的时候，宋孝宗却又传下圣旨，急命叶衡前往临安朝见。

也许，当辛弃疾赶到建康时，他还没有来得及同叶衡说一说自己对日后政务的计划，甚至二人都未能坐下好好地喝一顿酒、叙一次旧，叶衡就已经匆匆离开，且一去不回了。

这年二月间，六十五岁的雍国公虞允文因病而逝。虽然此前他一直以军备尚未完善为由，未能制订详细的北伐计划，惹得宋孝宗郁郁不乐，但随着他的辞世，仿佛宋孝宗连北伐的信心和决心都受到了打击。此时此刻，他急需一个心志坚定、有勇有谋的人执掌朝中，而宋孝宗选中了叶衡。

四月时，叶衡正式以户部尚书的身份兼签书枢密院事，他随即开始筹措北伐方略，但凡将帅领兵、军备器械、战事防守等事，无不思虑周全，与宋孝宗奏对时更是从容不迫，井井有条，很快又赢得了右丞相兼枢密使之位。至于此时的建康城内，江东安抚司参议官辛弃疾似乎有些高兴，又有些伤怀。

一剪梅·游蒋山呈叶丞相

独立苍茫醉不归。日暮天寒，归去来兮。探梅踏雪几何时。今我来思，杨柳依依。

白石冈头曲岸西。一片闲愁，芳草萋萋。多情山鸟不须啼。桃李无言，下自成蹊。

那一日，辛弃疾前往位于建康城东北的蒋山游览。他独自坐在山巅之上饮酒，看着天色苍茫却不愿离去。落日就要坠下，山风似乎也寒冷了，看起来真的是不得不归了。辛弃疾不由想起曾经与叶衡冬日上山，踏雪寻梅，如今竟只有他孤独在此，纵然杨柳依依，也难解离别之情。

远处的白石冈矗立在长江的西岸，一片闲愁之情，都被那满坡的萋萋芳草给惹起。这番情绪，也不用那多

[宋] 马远　高士观眺图

情鸟儿的啼叫来比拟，看桃李树下，因果实累累已经出现了无数蹊径。

这阕词是辛弃疾对叶衡的离别牵挂，但却透露出他在建康的这段日子过得并不称心。叶衡赴临安后，朝廷改令朝议大夫胡元质出知建康。虽然此人颇有才学，却生性淡泊，平日里乐善好施，与人相交也从无龃龉相忤，竟有些像孔夫子所说的乡愿。

面对这样的主官，辛弃疾那一身的本领都无处施展，刚拙的天性更是备受压抑，待要发作却又不能，每日公务只能敷衍了事。这显然不是辛弃疾想要的，可他除了填词发牢骚，却也不知该如何是好了。

好容易熬到了这年秋天，辛弃疾所得到的安慰，便是老友周孚寄送的诗笺以及同范如山的相会。

因范邦彦丧期已过，范如山为了奉养老母，支撑门庭，终于决定出仕。他在真州（今江苏仪征）觅得一份监察酒务的差事，虽然离家不远，但作为孝子，范如山总是心中不安。况且，他还有一桩心事未了，那便是幼妹的终身大事。思来想去，范如山替妹妹选中的良配，正是鳏居多年的辛弃疾。

大约是范如山特意前来建康拜会辛弃疾，恰巧又遇着他的生辰，辛弃疾便为之填词祝寿，盼其仕途顺畅，要"金印明年斗大"。谁知，范如山却将代妹择婿之事道出，这叫辛弃疾又惊又喜。自赵氏殁后，他已飘零数年，宦海挣扎中虽然总想着恢复大业，却也抵挡不住孤单与失落，而此时若能得娶佳人，岂非生平快事。

就这样，一番畅怀对饮后，两个故交成了一对郎舅，而辛弃疾似乎也自此决定，要开启新的征程。

水龙吟·登建康赏心亭

楚天千里清秋，水随天去秋无际。遥岑远目，献愁供恨，玉簪螺髻。落日楼头，断鸿声里，江南游子。把吴钩看了，栏杆拍遍，无人会，登临意。

休说鲈鱼堪脍，尽西风，季鹰归未？求田问舍，怕应羞见，刘郎才气。可惜流年，忧愁风雨，树犹如此！倩何人唤取，红巾翠袖，揾英雄泪？

时已入秋，为前途事业而心中郁郁的辛弃疾又一次登上了建康下水门城头的赏心亭。江南的天气，一入寒秋便是千里清冷之色。他看着滚滚江水向着天际流去，仿佛无边无涯，待要极目远眺，那一座座如螺髻般的小小山岭，更叫人生出无限愁意。落日已经悬在楼头，天空中悲鸣的孤雁，恰似这羁绊江南的游子。把玩着吴钩利器，拍遍栏杆，却无一个知己能明白词人登临之意。

此时间，休要再说起江南鲈鱼的鲜美，西风吹尽时，久别故乡的张季鹰可曾真的归去？男儿立世，若似许汜那般只在乎富贵荣华的安稳，只怕也同他一样，羞于同刘备那样的英豪并列。而辛弃疾担忧的是，时光如逝水，面对着半壁河山，叫人如何能够忍受。此时间，只能恳

[宋] 朱光普　江亭晚眺图

请那红袖佳人，为词人擦去英雄落魄的泪水。

自早春二月至清冷深秋，在建康城熬过了大半年的辛弃疾终于发出了一声呼号，散尽了多少愤懑难耐。他应该将这阕词寄给了身在临安的叶衡，因为那是此时他唯一可以想到的，能够真正帮助自己跳出困境的人。

果然，到了十一月间，辛弃疾便收到了朝廷的诏命。因为叶衡在宋孝宗面前几次提及他胸怀大略，他终于再一次得到了朝见天子的机会，授任仓部员外郎，后升仓部郎中。

这一官职当与四年前的司农寺主簿有着几分相似之处，看似品阶平常，但却给了辛弃疾接近朝堂的机会。更重要的是，他能依傍在叶衡门下，一同谋划北伐。

身在其位，便谋其政。虽然辛弃疾从军事方面的参议官变成了掌管钱粮出纳之事的仓部郎中，但他所要做的事情，却仍与军务有着密切的关联。

自建炎南渡以来，因征战不断，军费消耗巨大，为了运载方便，朝廷开始大量使用纸币会子支付军饷，并开始在民间推广会子。这本是方便百姓的好事，但在各州郡以会子收兑金银、铜钱的过程中，却出现了各种问题。主要原因便是朝廷大量印造会子用以支出，可各州郡在收取赋税时却要百姓们交付铜币、铁币等现钱，致使兑换有差，百姓们抱怨货物不通，而军士手中的会子也越来越不值钱。

淳熙二年（1175）的四月，因诸军不断上奏，认为军饷不足，恳请朝廷多支一些会子使用。宋孝宗为此日夜难安，命叶衡等人必须仔细查明其中根由，找出可以善后的法子，而辛弃疾便是在这时递交了《论行用会子疏》，提出了自己的观点。

时应民间输纳，则令现钱多而会子少，官司支散则现钱少而会子多。以故民间会子一贯换六百一二十足，军民嗷嗷，道路嗟怨，此无他，轻之故也。

——《论行用会子疏》

两番朝见宋孝宗后，辛弃疾担任的都是与钱粮积储有关的职务。或许，这不是朝廷对他的轻视。恰恰相反，定是辛弃疾在奏对时，对于北伐大计所涉及的钱粮军马等诸多问题都有着精辟的见解，故此才会被宋孝宗委以此任。

而在《论行用会子疏》中，辛弃疾一针见血地指出，正是因为朝廷肆意印造会子，导致百姓使用会子换钱时竟大为贬值，惹起了民怨。辛弃疾认定，使用会子本是便民利民的良策，但因为朝廷使用不当，才生此隐患。

先明降指挥，自淳熙二年以后，应福建、江、湖等路，民间上三等户租赋，并用七分会子、三分现钱输纳。民间买卖田产价钱，悉以钱会中半，仍明载于契。……会子之数有限，而求会子者无穷，其势必求买于屯驻大军去处。如此，则会子之价势必踊贵，军中所得会子比之现钱反有赢余，顾会子岂不重哉？

——《论行用会子疏》

为此，辛弃疾谏言宋孝宗，必须减少会子的过度印造。先令福建、江淮、两湖等州郡的上三等的百姓们改用七分会子、三分现钱的方式缴纳赋税，甚至百姓们日常买卖田产诸事，也必须用会子交易。这样，会子才能在民间真正流通起来，其价值才能与物价相平。到那时候，人们都会愿意接受军营用会子采买军备，军士们也不会抱怨军饷不足。

南归朝廷十余年，在经历了种种冷落、轻视和猜疑后，辛弃疾用他的真才实学以及每一任职守上的业绩证明了自己。他已然从那个"锦襜突骑渡江初"的热血男儿，一步步地成长为一个真正具有文韬武略的治世能臣。

当辛弃疾于临安官场颇显声望之时，好友周孚也再一次踏上仕途，前往真州出任州学教授。这或许仍是得益于前番与辛弃疾在滁州时的那段经历。而彼时，已经成为辛弃疾妻兄的范如山仍在真州任上，想他二人也会常常念叨起辛弃疾。

一日，周孚收到了辛弃疾寄来的书信。原来，深知周孚本性的辛弃疾担心他在官场上遇到坎坷，特意嘱咐他，若是再遇见那"颇不相悦"的人，千万不要过于烦恼，要有"痛忍臧否"的气魄，不要随便吐露自己的态度，以免惹起事端。然而，周孚虽然深谢辛弃疾的挂念，但他还是觉得，自己没必要为了这么一个小小官职，就违逆本心，实在忍不住的时候也就不必忍了。

这本是他们挚友间最坦诚的交心，但却透出了些苦涩的味道。想必，当时身在朝中的辛弃疾正承受着某种"臧否"。毕竟，辛弃疾也曾是个刚毅不屈的中原男儿，只是他直率不羁的性格终究与朝廷规制有些难以相融。在多年的官场磨砺中，为了能够实现自己的理想抱负，

［宋］蔡京　雪江归棹图卷跋

他不得不稍稍收敛了本性。

　　尽管如今朝中仍有一些人对辛弃疾心存不满，但好在彼时的宋孝宗更在乎北伐大业，而借助于叶衡的力量，辛弃疾的主张和见解一直都得到了宋孝宗的认可。

　　不过，未来还有更多的挑战等着辛弃疾去完成。

　　就在宋孝宗君臣忙着解决会子的问题时，两湖、江西一带却接连发生骚乱，而为首的贼寇竟是一个叫赖文政的茶商。

之意盡矣天地四時之氣
流片帆天際雪江歸棹
棹行客蕭條鼓棹中
無波天長一色摩山腰
御製雪江歸棹水遠
臣伏觀

当日，奸相蔡京在朝，一改历代征收茶租之法，将茶叶变为官府买卖。各地茶商都要请买运茶凭证，方可运输贩卖，是为茶引。而宋室南渡以来，因战事频仍，乃至茶引增价，竟成了苛捐杂税，令茶商、茶农们极为不满，屡屡发生起义事件。当是时，更有茶商为谋取利益，偷渡淮河，向金国贩运私茶。朝廷为此不得不加强江上巡逻，谁知茶商们也发展起了武装，专与官兵进行对抗。

前一年，便有茶商率领数千匪贼侵扰湖南。当时的江南东路安抚使刘珙认为茶寇并非亡命之徒，便设法驱散了盲从之人，只将贼首斩杀，另一些则充入军中。

大概正是因此，使得朝廷对茶寇不甚在意，以为都是乌合之众。岂料，这赖文政却颇有统领之力。他自湖北而起，又入湖南、江西等地，所遇官军竟都为其所败。朝廷先后派遣荆州都统皇甫倜、鄂州都统李川、江南西路兵马总管贾和仲等人率军剿匪，却都败归，而赖文政之人马，甚至由此一路打进了广东。消息传至临安，朝廷震动。

想这些茶寇不过千百余人，既无兵甲之利，又无奇谋密划，不过是为了经营谋生而兴起骚乱，可各地驻军竟不能获胜。堂堂大宋朝廷的军队面对小小匪盗尚且如此，待将来迎击大敌，又该如何？

这令宋孝宗大为恼火。实际上，自乾道初年以来，宋孝宗一直在努力恢复，训练军伍。他原以为，一旦时机成熟便可兴兵北伐。岂料，练兵多年，朝廷的官兵竟是如此状况，这也让诸多主张北伐的臣子们深感恼恨。更有人以为，那些驻守各地、屯田练兵的官员，实则都是庸碌之辈，总管失律，帅臣拱手，不堪重用。

淳熙二年（1175）六月十一日，朝廷突然下令，以"老髦畏怯，畏避迁延"等名义将新任不久的江西提点刑狱师尹"别与差遣"。次日，又颁诏令，以仓部郎中辛弃疾为江西提刑，节制诸军，讨捕茶寇。

一心北伐的辛弃疾回归朝廷十多年后终于得以出任军事将领，可他统兵杀敌的对象却是民间茶寇。可能在世人的眼里，这对辛弃疾是莫大的讽刺，但对于当时的朝廷而言，却也真的是危难之时。如果朝廷兵马真的连一支小小的茶寇都不能平定，只怕从此以往，更无人敢于言兵，不要说收复中原，恐怕连边境上小小的骚扰，都会令宋人惶恐不已。

剿灭茶寇，这看似与辛弃疾宏伟的理想相差太多。可事实上，此番若不能胜，不仅仅是辛弃疾的壮志，恐怕连朝廷的北伐大计都会受到阻碍。

摸鱼儿·观潮上叶丞相

望飞来、半空鸥鹭，须臾动地鼙鼓。截江组练驱山去，鏖战未收貔虎。朝又暮。诮惯得、吴儿不怕蛟龙怒。风波平步。看红旆惊飞，跳鱼直上，蹙踏浪花舞。

凭谁问，万里长鲸吞吐。人间儿戏千弩。滔天力倦知何事，白马素车东去。堪恨处。人道是、属镂怨愤终千古。功名自误。谩教得陶朱，五湖西子，一舸弄烟雨。

在离开临安赴任江西的前一天，辛弃疾来到了临安城百里外钱塘江口。时已入秋，钱塘海潮渐渐汹涌，方才还在看着半空中飞翔的鸥鹭，须臾间便听见大地如鼙鼓般震动的声音。那滚滚的波涛截断了江面，仿佛千军万马驱赶着山峦奔涌而来，翻滚跌宕的浪花一如鏖战的

[宋] 李嵩　月夜看潮图

勇士。想吴地男儿，朝朝暮暮面对如此壮阔的场景，哪怕是见着蛟龙也不会心生畏惧。至于那些正在潮头泅水的勇士们，也视浪潮为平地。看那红旗翻飞，如同鱼跃水面，踏着浪花起舞。

　　还有谁能问起往昔之事？面对这如巨鲸吞吐一般的滔滔潮水，纵然是吴越王用百万强弩射向潮水也不过是一场人间儿戏。直到那连天的怒潮最终力倦，才如白马

[宋]马兴祖　浪图

素车一般缓缓向东退去。而唯一教人遗恨的，便是忠贞的伍子胥偏偏不得吴王夫差的信任，最终以属镂剑自刎而死，才化作传说里的潮神。这都是为着功名而自误的千古英雄，反倒警醒了为越王勾践谋划复国的范蠡，终究功成身退，带着西施归隐五湖，一叶扁舟消失在烟雨之中。

　　这阕词，辛弃疾是写给叶衡的。这位出身婺州金华（今浙江金华）的当朝宰辅，才是辛弃疾心目中那个不惧蛟龙之怒的弄潮儿。但是，此时的辛弃疾仍旧是有些难言的隐忧的。春秋时的伍子胥曾力谏吴王夫差杀勾践、灭越国却不被取信，最终受了太宰伯嚭的诬陷，含恨自尽。

也许，此时的朝中已然有了一些"太宰伯嚭"那样的人物，趁着这次茶寇之乱，试图抹杀朝廷多年练兵的意义。也许，这次出任江西是辛弃疾的毛遂自荐，因为他不能对此险境坐视不理。辛弃疾担忧的是，万一他未能平定骚乱，只怕叶衡和自己都要做了功名误身的伍子胥。故此，辛弃疾已没有了退路，纵然未来之途如钱塘潮一样汹涌难测，他也要奋力一搏。

七月初，辛弃疾策马驰骋，赶赴赣州（今江西赣州）。自此"专意督捕"，每日里都忙于兵车羽檄之间，根本无心其他。这不单单是因为辛弃疾想要尽快平复茶寇，更因为当地的军情确实令辛弃疾深感焦虑。

> 向在湖南收茶寇，令统领拣人，要一可当十者，押得来便看不得，尽是老弱。问何故如此？云，只拣得如此，间有稍壮者，诸处借事去。
>
> ——朱熹《朱子语类·论兵》

对于曾经携带五十忠义之士闯敌营、擒叛贼的辛弃疾来说，如果能得一批精兵，平定茶寇应当不是难事。

然而，当他来到赣州，要求帐下副将挑选那些可以一当十的兵卒时，却发现选出的人员都是老弱之流。辛弃疾大为不解，询问才知，当前军中就只有这样的兵卒了。但凡有些精壮的青年，都已经被别处借走。

十几年后，当辛弃疾向朱熹回忆起当时情境，恐怕也是无奈一笑。所幸的是，当时朝廷已经给了辛弃疾节制江南西路诸军的权力，他便下令调动各地兵马扼守冲要，以截断茶寇逃窜之路，由此展开围攻夹击。同时，辛弃疾彻底放弃整训老弱兵卒的打算，另行招募壮丁精兵，练为敢死之士，对逃亡的茶商穷追不舍，直至剿灭殆尽。

由此，三两月间茶寇势力便已削弱大半。许多匪贼因见反抗逃亡皆无生路，便只得向官府自首，以求保全性命，而辛弃疾在赣州知州陈天麟的建议下，也接受了这些人的归降。最终，辛弃疾以此法诱降了茶寇之残余以及匪首赖文政，遵照朝廷法不责众的一贯做法，斩杀赖文政，放归盲从者，以儆效尤。

淳熙二年（1175）的闰九月二十八，宰执之臣向宋孝宗呈上了奏折，报"自湖北入湖南、江西，侵犯广东"的茶寇已剿除尽，理应对参与平寇的官员们各行黜陟。宋孝宗闻之大喜，因称辛弃疾"捕寇有方，虽不无过当，然可谓有劳，宜优加旌赏"，遂加辛弃疾秘阁修撰之职。

可以想见，当时的宋孝宗对这一场胜利充满了无限的欢喜，至少那些对朝中军队质疑的声音会因此消减许多。至于辛弃疾，在赢得了君王赏赍、仕途功名之余，终于可以休憩一番了。

> 弃疾自秋初去国，倏忽见冬。詹咏之诚，朝夕不替。第缘驱驰到官，即专意督捕，日从事于兵车羽檄间，坐是悾愡，略无少暇。起居之问，缺然不讲，非敢懈怠，当蒙情亮也。指吴会云间，未龟合并。心旌所向，坐以神驰。
>
> ——《与临安友人札子》

这段被后人称之为《去国帖》的文字，是辛弃疾存世的唯一手迹。在剿灭茶寇后，辛弃疾这才想起曾经接得一位临安友人的问候书信，于是赶忙作答回复。他简略地讲述了自己连月来的忙碌，感谢了友人的挂念之情，随之又想起吴越的山水，便心驰神往，念叨着不知何时才能归去了。

但是，此时的辛弃疾可能已然猜到，想要泰然归去，只怕是不能够了。

除了醉吟风月，此外百无功

尽管辛弃疾为朝廷剿灭了茶寇，立下功勋，但他并没为眼前的小胜而欢喜。事实上，就在辛弃疾加封官爵前不久，他在朝中最有力的后盾——叶衡，被罢去了宰相之位。至于起因，竟是左司谏汤邦彦因嫉恨叶衡举荐自己出使金国，以为其刻意排斥自己，便向宋孝宗告发叶衡曾经在私下有过忤逆当今的言论。宋孝宗一怒之下，当即罢免了叶衡，令其出知建宁府（今福建南平建瓯市）。

虽然远在赣州的辛弃疾一直忙于剿寇，可叶衡被罢这样的大事他不可能不知道，只是他也无能为力。况且，汤邦彦曾受雍国公虞允文赏识，对恢复大计颇有见解，辛弃疾与之还有些往来。没承想，自己一向敬重的人，竟因一点私人恩怨，牵出这样的朝堂之争。而与此同时，一些朝臣非议辛弃疾的消息也传到了他的耳中。

九月初五，时任敷文阁待制兼侍读，暂代兵部侍郎的周必大曾向宋孝宗递上了一份《论平茶贼利害札子》，对辛弃疾的剿寇方略提出了质疑。

> 臣观，自古用兵斗智不斗多……今闻辛弃疾所起民兵数目太多，不惟拣择难精，兼亦倍费粮食。今乞令精选可用之士，毋贪人数之众，至于方略，则难遥授，但观其为人，颇似轻锐，亦须戒以持重。
>
> ——周必大《论平茶贼利害札子》

对于远在京城的周必大来说，当他听闻辛弃疾调动各处军马围剿茶寇的消息时，最先担心的便是军费钱粮之事。他以为，用兵在谋不在多，若是依靠兵马数量取胜，对朝廷来说耗费太大。周必大甚至明确地表达了对辛弃疾的担忧，认为他性情轻锐，不够持重，容易发生将在外君命有所不受的情况，希望宋孝宗能够对其所有戒备。

诚然，作为小心谨慎的臣子，周必大的担忧是合理的。准确说来，周必大的态度并不是单纯的私人偏见，这恰恰是当时整个朝廷宽忍懦弱的风气的反映。即便是许多内心里依然渴望北伐中原、恢复山河的朝臣，每每面对杀伐之事，都难以克制地流露出软弱的一面。

在这份奏疏中，周必大一面强调茶寇数目众多，罪恶贯盈，一面又建议不要对他们赶尽杀绝，留有一条"悔祸之路"，认为此法或许能改变匪贼们以死相抗的态度。

只是周必大忘了，正是因为前江南东路安抚使刘珙前番剿匪时采取了如此的策略，才导致了新一轮的叛乱。

自赵宋立国以来，一直秉持着以仁孝治天下的根本。对于当时的文人士子们来说，宽仁是至高的美德。然而，面对着沙场上的生死之争，纵然宽仁之术能够挽救一些无辜的生命，但却未必能护得住家国的平安。而对于出生在金人统治之下的辛弃疾而言，他的成长过程几乎为家国仇恨、血腥杀戮所充斥，他固然过于刚猛，但他也一直觉得，当时朝廷若想战胜金人，收复中原，最缺少的就是这样一种烈性。

幸运的是，当时的宋孝宗对辛弃疾的刚烈多少是认可的，而辛弃疾也用最终的胜利证明了自己的实力。所以，哪怕宋孝宗在朝臣面前承认了辛弃疾有一些过当的行为，却也不妨碍他对辛弃疾大加赏赐。

至于辛弃疾，对这一切自然都是心中有数。他对那些儒士，本性上固然是反感的，但只要不妨大节，辛弃疾都能够"痛忍臧否"。而君王的那一点抗金的热血，则是辛弃疾必须牢牢把握的根基，唯有此，他的理想才有实现的机会，哪怕征途漫漫，也要坚持走下去。

这年四月，因叶衡推荐而出使金国的汤邦彦回到了朝中。早在乾道五年（1169），宋孝宗向金国提出修改"隆兴和议"部分条约时就表示，希望金人能归还大宋历代帝王的陵寝之地（今河南郑州巩义市一带）。此后，宋廷数次派遣泛使前往金国就此事进行商讨，却屡屡被金人拒绝。而汤邦彦的此番出使，仍旧为了此事，但他并未完成朝廷交付给他的使命。

据说，金世宗完颜雍只是在召见宋使的道路上排列了一些控弦露刃的将士，就把一向能言善辩的汤邦彦吓得忘了所有的说辞，被金人狠狠嘲弄了一番，撵回南方，丢尽了宋廷的颜面。

宋孝宗盛怒之下罢免了汤邦彦，将其流放至新州（今广东云浮新兴县）编管，更从此罢息河南陵寝之议，再也不向金国派遣泛使。而在怒气稍稍平息之后，宋孝宗也想起了曾被汤邦彦告发而罢相的叶衡，意识到当初对他的责罚或许太重，但似乎又没必要再复其原职，于是诏其自便，叶衡就此告老，归居故里。

不知辛弃疾得知此消息时究竟是何心情，他回忆起与叶衡最后的会面，还是去年钱塘观潮之时。那时节，辛弃疾关于"功名自误"的担心，"一蓑烟雨"的向往，在叶衡这里都经历了一遍。叶衡如今归去，也算是喜忧参半吧。

菩萨蛮·书江西造口壁

郁孤台下清江水，中间多少行人泪。西北望长安，可怜无数山。

青山遮不住，毕竟东流去。江晚正愁余，山深闻鹧鸪。

[宋] 佚名 山水图

　　这应是淳熙三年（1176）的春天，辛弃疾乘船出行，途径江西造口时题写于山壁之上的。郁孤台于平地上骤然隆起，耸立在清澈的赣江之岸，那江中流淌的不知是多少行人的眼泪。往西北方向遥望长安，可叹中间隔着无数重山峦。但是，这些青山却挡不住滚滚的江水向东流去。江上日晚，不觉叫人多了些愁烦。深山之中，恰听见一声声鹧鸪鸣叫，似乎不愿人远行。

　　关于这阕词的由来，曾经有个传说。道是当年朝廷南渡，金将完颜兀术领兵南下，攻占了建康，并派出精锐兵马，追拿宋廷皇室人员。当时，宋高宗赶往浙西，而隆祐太后孟氏则带着一批后宫之人沿江西上，来至江西，自万安县至造口，弃舟登陆，以农夫抬轿而行，幸驾赣州，方才保得平安。虽说五十年世事已随流水，可当辛弃疾再临江西造口时，却不禁感怀往事，题词慨叹。

无论这传说是真是假，也不管辛弃疾填词是为了哀叹国事还是感伤自身，那词中所流露出的愁情，看似疏淡，实则浓烈。事实上，无论辛弃疾如何"痛忍臧否"，都是对他刚烈血性的一种折磨。尽管他不会似一些柔弱文士般生成哀婉的情调，却也按捺不住地透出担忧，害怕自己在忍受了种种非议后，还会招来污言诽谤。

大概正是这一种难以排解的隐忧，反倒促使辛弃疾在内心深处保持着一份冷静，他一直在为将来可能遭遇的挫败做准备。而这些心理暗示，也终使得他在真的遭遇狂风骤雨时，学会了暂且开怀。

剿灭茶商一战，让辛弃疾在赣州遇到了几位志趣相投的同僚。功成之后，他便为赣州知府陈天麟向朝廷请功，又举荐了政清讼简的赣州通判罗愿。与此同时，辛弃疾也弹劾了"绳吏过急，逻卒惧众"的守臣施元之。他对心念中原、意志坚定的志士总是另眼相待，彼此宴饮雅聚时也是一掷千金。可对那些性格柔和、不肯言及北伐的人，辛弃疾也不会掩饰他的鄙夷。故而，在这些僚属的眼中，辛弃疾虽是个刚严果毅、赏罚分明的清正之官，但也有着杀伐骄狠的一面，让人又敬又怕。

这年十月间，忽有朝臣弹劾时任宫观使的陈天麟，称其政绩都是贿赂而来，而每每犯下过错也用此法免去责罚，甚至早年寄居宣州（今安徽宣城）时就开始联络官员，打通关节，才升迁了官职。于是，陈天麟被罢官，此后不久，辛弃疾也收到了调任京西转运判官的诏令。

若论官阶，辛弃疾此番的调任当是升迁。只是他来至赣州不过一年，除却平定茶寇之事，其余公务尚未有所进展，新选入的精壮兵士还未加以训练，就这样被调离了江西，直去往千里之外的京西路（今湖北襄阳一带）。

辛弃疾不知道，他的这次调任究竟是否与陈天麟的被弹劾有关。朝廷中是否有人会认为，辛弃疾也曾收过陈天麟的贿赂。纵然这些担忧都是多余，可如此的调动还是令辛弃疾不安。

多年来，但凡是颇有见识的臣子都看得出，朝中任用官职的一大弊病便是对主政官员的频繁调动。从宰辅到将帅统领再到各府知州，从没有任职长久的，且官职越高，调动越频，这一朝的天子倒有几十个宰相去陪衬。这自然是君王出于免使臣子独揽大权的考虑，却也使得朝廷政务松弛，再无人肯尽心做事。

然而，无论辛弃疾有多么不情愿，还是得收拾行装，前往下一个任所。

满江红·赣州席上呈陈季陵太守

落日苍茫，风才定、片帆无力。还记得、眉来眼去，水光山色。倦客不知身近远，佳人已卜归消息。便归来、只是赋行云，襄王客。

些个事，如何得。知有恨，休重忆。但楚天特地，暮云凝碧。过眼不如人意事，十常八九今头白。笑江州、司马太多情，青衫湿。

暮色苍茫，江上西风才刚刚平静，一叶小舟停在江边，看上去是那样孤寂。还记得曾经游赏的日子，满眼里所见都是水光山色，而今都成往事。羁旅之人已不知离家多远，闺中佳人是否也在盼其早日归去？可纵然一时得归，也怕是像那虚幻的襄王之梦，朝为行云暮为雨。

世上的一些事情，总是难以料定。哪怕心中有恨，也不要太过在意。看楚天依旧辽阔清朗，暮云颜色如碧玉，且把那不如意之事当作过眼云烟，反正人生不如意，十事常八九，又何必为此愁白了头？故而也要笑那江州司马白居易，为个贬官，就泪洒青衫湿。

在送别陈天麟的宴席上，辛弃疾几乎是强颜欢笑地在劝慰着友人。尽管他一直在宽解陈天麟，贬官只是一时得失，可心里，只怕也是迷茫不定。

在得知辛弃疾调往京西的消息后，远在江南的好友周孚是又惊又叹又悲，寄诗以慰，道是"去年不得一字书，今日又看千里月"。周孚也为辛弃疾深感不公，他刚刚为朝廷平定了祸乱，正待一展宏图之时却又被迫踏上更远的征程。但他们更没想到的是，辛弃疾此后的道路将越发艰难，而这一对挚友，也终究未能再见一面。

淳熙四年（1177），周孚病逝于真州任上，而此时的辛弃疾则因朝廷的一纸诏令，又改任为江陵知府兼湖北路安抚使。那漂泊江湖的孤舟，只得调转片帆，向着江陵（今湖北荆州）而去。

到了十一月间，辛弃疾出知江陵府不过大半载，朝廷又将其移官江西，出知隆兴府（今江西南昌）兼江西安抚使。次年新春又召辛弃疾入临安，为大理寺少卿。到了淳熙五年（1178）夏尽秋来时，辛弃疾再一次登舟西去，出任湖北转运副使。

短短四年之间，辛弃疾已辗转多地，六次改任，其中驻守时间最长的，仍旧是当初为平茶寇之乱而停留的江西提点刑狱职。那茫茫宦海，仿佛无边无涯，甚至让辛弃疾一度失去了前行的方向。

水调歌头

淳熙丁酉，自江陵移帅隆兴，到官之二月被召，司马监、赵卿、王漕饯别。司马赋《水调歌头》，席间次韵。时王公明枢密薨，坐客终夕为兴门户之叹，故前章及之。

我饮不须劝，正怕酒樽空。别离亦复何恨？此别恨匆匆。头上貂蝉贵客，苑外麒麟高冢，人世竟谁雄？

一笑出门去，千里落花风。

孙刘辈，能使我，不为公。余发种种如是，此事付渠侬。但觉平生湖海，除了醉吟风月，此外百无功。毫发皆帝力，更乞鉴湖东。

那是淳熙五年（1178）的春天，辛弃疾抵达隆兴府方才两月，便又收到了朝廷的调令。曾任湖北总领的司马倬、时任转运副使王漕，以及僚属赵卿等人设宴为辛弃疾送行。司马倬填了一阕《水调歌头》词，众人都有唱和。辛弃疾陡然想起曾任朝廷枢密使，归居江西的王炎王公明刚刚辞世，不觉悲从中来，顿生一种宦海凄凉之感。

可是，辛弃疾又不愿作此惺惺之态，只得用他惯有的豪情，努力去消散那心中的愁烦。

此时此刻，要我饮酒是不必劝的，倒是反而担心不够尽兴，叫那酒杯空了。分别相离本也不是什么值得恼恨的事，可今宵的别离却来得太过匆忙。想曾经头戴貂蝉冠的高官贵胄，如今也只被埋葬于荒野中，这人世间，又有谁能算是真的英雄？不如仰天大笑出门去，千里路程上，春风吹落繁花。

魏明帝时，有中书监刘放、中书令孙资权倾朝野，当今朝中亦有像他们这样的人，而我偏偏不愿奉承迎合，难道报效国家只是为了位列三公？眼前这种种慨叹议论，我也只能同诸位知己相谈。这半生走遍江河湖海，仔细想想，除了吟风醉月，似乎别无建树。我

［宋］马远　舟人形图

这所有的功名富贵，都是君王所赐。如今重回都城，
只盼那越州的鉴湖之水，能照见我的热血情愫。

早年的辛弃疾为了家国之事而哀愁，大都是因为不
能入朝效力，担心功名无望。尽管那时他也常常说要归
去，却始终透露出强烈的期待和流连。

而今，辛弃疾的内心已然褪去了青壮时期的明快，
甚至开始带有生死虚幻的感慨。他此番前往临安出任大
理寺少卿，本是升迁的大喜事。他也试图效仿杜甫，想

要仰天大笑而去，可那落花之风已将心境全然扫落。

这些年来，辛弃疾开始学会看透功名荣辱。他依然清楚地知道自己应该做什么，但也越发明白，无论他是否愿意参与其中，朝堂的纷争都将无止无休。

辛弃疾被召回临安任职的原因，恐怕与当时宋孝宗起复史浩为右丞相有关。尽管这位曾经的帝师已经是个七十多岁的白发老者，但宋孝宗对他的依赖显然超过其他任何人。事实上，自从叶衡被罢相后，两年来，大宋的丞相之位一直空着。宋孝宗千选万选，最后还是选择了史浩。

究其原因，肯定有一部分是源自于数十年师生关系而萌生的信任，另一部分，则是因为宋孝宗从来都十分憎恶朝臣朋党结私，而史浩在任人唯亲与任人唯贤的问题上，确实很有原则。

当初，史浩虽然因为用兵山东而与江淮宣抚使张浚发生矛盾，但隆兴北伐失败后，他并未趁此落井下石，反而十分客观地评价了张浚对朝廷的功业，恳请宋孝宗从宽发落。

至于此番任相，史浩更是竭力举荐朝中贤才，哪怕对方曾经诋毁过自己，也毫不介意。他三请朱熹，重用杨简、陆九渊等江浙名士，彰显了朝廷纳士招贤的决心，士林为之一振。而辛弃疾的升迁，大约也是因此。只不过，辛弃疾似乎对史浩、对朝廷并不是很感激。

行事轻锐果决的辛弃疾是个"言必行，行必果"的人，升任大理寺少卿固然也可以为朝廷效力，但频繁的调动一直在打乱他的计划，而在临安为官，也更多地限制了他理政能力的施展。

虽然辛弃疾称自己"除了醉吟风月，此外百无功"，但此前的每一任，他都或多或少地做出了成绩，赢得了同僚和百姓们的赞许。出知江陵府时，辛弃疾以"得贼则杀，不复穷就"的方略，很快平息了州府盗匪横行的情况。在隆兴府时，辛弃疾又于属县丰城（今江西丰城）修建起堤坝，阻止水患的发生。彼时，有诗友韩玉填词为辛弃疾贺寿，大赞其"绣衣节，移方面，政如神。九重隆眷倚注，伟业富经纶"。

可是，一旦辛弃疾被羁绊在皇城之中，只能做个俯首听命、亦步亦趋的京官时，就失去了自主的权利，这是他所不能忍受的。

满江红·江行，简杨济翁、周显先

过眼溪山，怪都似、旧时相识。还记得、梦中行遍，江南江北。佳处径须携杖去，能消几緉平生屐。笑尘劳、三十九年非，长为客。

吴楚地，东南坼。英雄事，曹刘敌。被西风吹尽，了无尘迹。楼观才成人已去，旌旗未卷头先白。叹人间、哀乐转相寻，今犹昔。

辛弃疾告别了隆兴府，乘舟入江，向着临安而去。

［宋］佚名　江上青峰图

穿过扬州时，他与诗友杨济翁、周显先一聚，各有唱和之词。待再登行程时，辛弃疾兴致又起，便以词代简，给两位友人寄去。

他站立船头，看着眼前的山山水水，仿佛都似曾相识，感觉在梦中，已经走遍了这江南江北，看遍了世间风景。那些景致优美的地方，执杖而行，恐怕也损耗不了几双木屐。只是可笑自己红尘劳碌，三十九年来都没有什么正经事务，只做了江山里的匆匆过客。

吴楚之地，因洞庭湖被分开。古来多少故事，还是曹操、刘备之英雄敌手最令人叹息。如今这些，都已成了往事，被西风吹尽尘埃，了无痕迹。事业未成，人又离去；战事未开，头发先白。可叹这人间的悲欢离合一如往昔。

尽管辛弃疾是个忠心耿耿、忧国忧民的真士子，但他的骨子里也深藏着一如李白、杜甫那般桀骜自负、不肯轻易向权贵低头的天性。只不过，此时的辛弃疾还不能抛下他所渴望的家国大业，这种灵与肉的矛盾，是这一段宦海生涯给予他的最大的折磨。

在出任大理寺少卿的那几个月间，想必辛弃疾过得极为郁闷。他在署衙结识了一位名叫吴交如的同僚。此人性情爽朗，重义轻财，为官数十年，进不求荣，退不求利，与辛弃疾可谓意气相投。

谁知，吴交如一夕亡故。辛弃疾前往吊唁时才发现，吴家连置办棺椁的钱都没有。于是，辛弃疾慨然出资相助，又上奏朝廷给吴家赐下银两绢帛才罢。

吴交如的遭遇自然给辛弃疾带来一些打击，他本已不能忍受自己的功业无成，更不会甘心将来的老死寂冷。那一段日子里，辛弃疾一定时时盼望着能够早点摆脱这种境地，乃至于半载之后，当他被任命为湖北转运副使，再一次前往赣州时，辛弃疾竟有了些欣然之态。

在此期间，辛弃疾的妻兄范如山恰好收到了张浚之子、时任湖北安抚使张栻的征聘，命其出任辰州泸溪（今湖南湘西泸溪县）县令。范如山心存疑虑，认为泸溪地处偏远，县令官卑职小，不足以施展抱负。辛弃疾得知，遂趁着范如山寿辰将至，填词一阕，以作鼓舞。

破阵子

为范南伯寿。时南伯为张南轩辟宰泸溪，南伯迟迟未行。因作此词以勉之。

掷地刘郎玉斗，挂帆西子扁舟。千古风流今在此，万里功名莫放休。君王三百州。

燕雀岂知鸿鹄，貂蝉元出兜鍪。却笑泸溪如斗大，肯把牛刀试手不？寿君双玉瓯。

楚汉争夺天下时，范增因为项羽不杀刘邦怒而摔碎了玉斗。吴越争霸时，范蠡辅佐夫差灭吴之后带着西施泛舟五湖。千古风流人物的故事至今流传着，只要能立下功业，哪怕万水千山，不要就此放弃，为君王分忧。

燕雀岂能明白鸿鹄的志向？那些王侯将相原本出身于寻常士卒。纵然笑话那泸溪县地小如斗，难道不敢借此牛刀小试，看看自己的才华究竟几何？这一阕勉励词和一双玉瓶，且作为寿礼，只望早日启程，好施展抱负。

这就是辛弃疾，一个有些豪迈自得的将领，也是一个有些骄傲自负的文人。可不管他面临着怎样的困境和烦恼，只要最终能够为家为国、为志向抱负做一些事，他依旧会奋勇向前。哪怕时常忍不住发发牢骚、吐吐怨气，可他依然会坚定地走下去。

宋孝宗淳熙五年（1178）的深秋，辛弃疾离开长安，赴任湖北。其后不久便又改任湖南转运副使，离开江西这豫章故郡，前往潇湘之地。在那里，辛弃疾终于度过了一段相对安稳的日子，也是他宦海生涯里最后的荣光时刻。

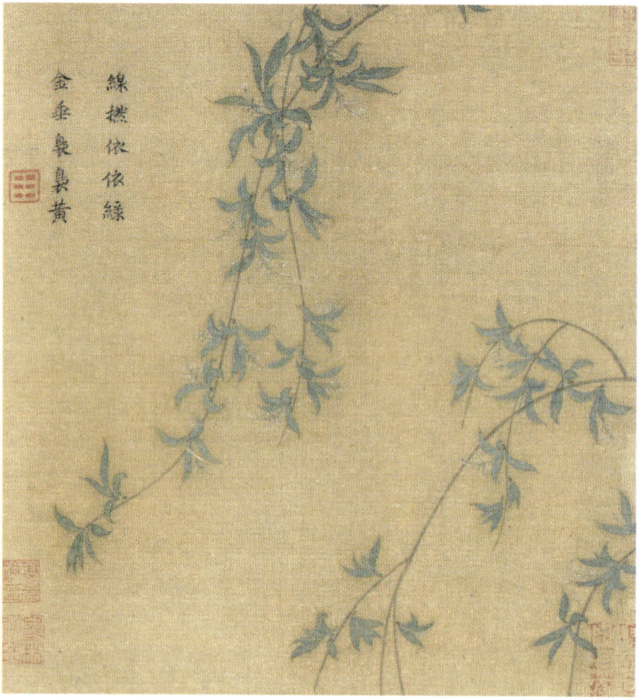

[宋] 佚名 垂杨飞絮图

君不见，玉环飞燕皆尘土

摸鱼儿

淳熙己亥，自湖北漕移湖南，同官王正之置酒小山亭，为赋。

更能消、几番风雨，匆匆春又归去。惜春长恨花开早，何况落红无数。春且住。见说道、天涯芳草迷归路。怨春不语。算只有殷勤，画檐蛛网，尽日惹飞絮。

长门事，准拟佳期又误。蛾眉曾有人妒。千金纵买相如赋，脉脉此情谁诉。君莫舞。君不见、玉环飞燕皆尘土。闲愁最苦。休去倚危栏，斜阳正在，烟柳断肠处。

淳熙六年（1179）的春天，辛弃疾自湖北移官湖南，时任湖北转运判官的王正之在小山亭上设酒钱行。当时天气想必正是细雨纷纷，让辛弃疾不由感慨这春色将尽，

[宋]李公麟 潇湘卧游图（局部）

又是一年光景匆匆而去。多情的人往往因为惜春而害怕花开太早，更何况在此暮春花尽、落红无数的时候。他希望春天能停留一下脚步，让那连天的芳草阻断了去路。可春天偏偏默然无语，看来真正殷勤的，还是那画檐下的蛛网，留住了多少柳丝飞絮。

长门宫内，皇后陈阿娇期盼着君王的到来，可这约定了的佳期却一再延误。这都是因为美丽的女子容易遭人嫉妒。纵然花费千金买得了司马相如的名赋，那脉脉深情又能向谁倾诉？那些得意的人们可不要太过忘形，难道不曾看见，宠冠后宫的杨玉环、赵飞燕也都化作了尘土。此间闲愁最令人心苦，千万不要登上高楼，凭栏眺望，那将要沉落的夕阳，正悬挂在令人肠断的烟柳迷梦之处。

这一回，辛弃疾的词中已明显地表达出美人芳草的自喻，似乎此番"折尽武昌柳，挂席上潇湘"的赴任，有着一场不为人知的朝堂斗争的背景。辛弃疾固然有些愁怨，但他也极为冷静地看到了功名荣辱的相依相伴，

努力用那超越苦难的心态，蔑视着官场上的种种不公。而在此后的日子里，他仍旧我行我素，遵循着本心，坚持去做那些自己认为值得的事情，哪怕因此遭人嫉妒。

从这年春日至来年冬日，是辛弃疾"两分帅阃，三驾使轺"的宦海生涯里最值得追忆的时光。尽管这期间他曾由湖南转运副使改任潭州知州兼湖南安抚使，但因驻所都在潭州城（今湖南长沙），故而生活还算稳定。而在过去一段又一段的飘零中，如果说还有什么能让辛弃疾感到欣慰，恐怕也只有家人不离不弃的陪伴。

应当是在辛弃疾初次赴任赣州、剿灭茶寇的那一两年间，继妻范氏为他诞下了一个男儿。此时的辛弃疾已是年将不惑，发妻所生两个孩子都已长大成人。这蓦地又添麟儿，反叫他生出久违的幼子可怜之情，心中多少温柔和欢喜。

辛弃疾为此子取名为赣，以记其出生之地赣州，又给他起了个"铁柱"的乳名，看似俚俗，却也寄托着辛弃疾对娇儿的无限期望。

清平乐·为儿铁柱作

灵皇醮罢，福禄都来也。试引鹚雏花树下，断了惊惊怕怕。

从今日日聪明，更宜潭妹嵩兄。看取辛家铁柱，无灾无难公卿。

为铁柱举行了一场灵皇醮后，希望天下福禄都能聚集到他的身上来。试着引逗了鹚雏一类的鸟儿来至花树之下，叽叽喳喳的吵闹声中，孩子便从此不再受惊吓。但愿他从今往后，一日比一日聪明，和兄长辛嵩、幼妹辛潭一起，生活得无忧无虑。这是辛家未来的栋梁铁柱，盼望他无灾无难，日后博取功名，位列公卿。

铁柱的灵皇醮显然是辛弃疾来到湖南后举办的，那时节，女儿辛潭应当刚刚出生不久。大儿长成，小儿初生，贤妻在室，这给辛弃疾的生活增添了一些欢喜和力量。而两年的任期，也确实让辛弃疾能够踏踏实实地做出一些政绩。但同时，也为其"蛾眉遭妒"埋下了祸根。

气吞云梦

乾隆御笔

在辛弃疾赴任湖南转运副使后不久，郴州地区便发生了盗匪陈峒聚众反叛之事，连续攻破道州（今湖南永州道县）、桂阳（今湖南郴州桂阳县）等地，而负责讨贼的乃是当时的湖南安抚使王佐。

最初，王佐因捕贼不成，恳请朝廷派遣官军前来，但宋孝宗坚持用当地招募的兵卒、义丁。为此，王佐召集了人马全力捕贼，陈峒等人只得隐藏于山林之中。

作为转运副使的辛弃疾认为，陈峒之流已是穷途末路，故而建议兵卒驻守城中，防备匪盗来袭即可，同时也不会因此耽误了农忙。但王佐却坚决不允，对匪贼几乎斩尽杀绝，并最终于五月初夏时将匪首陈峒捕获。而这件事，也成了辛弃疾日后遭贬的导火索。

臣姑以湖南一路言之。自臣到任之初，见百姓遮道，自言嗷嗷困苦之状，臣以谓斯民无所诉，不去为盗，将安之乎。

——《淳熙己亥论盗贼札子》

　　大约就是在王佐否决了辛弃疾的建议，一力剿贼之时，辛弃疾曾向宋孝宗呈上了一份《淳熙己亥论盗贼札子》，陈述了自己对陈峒反叛的看法。

　　自辛弃疾来到湖南后，见这里到处都是流民，百姓们的日子过得极为艰苦，却又无处可诉。正是这样的境况，逼得许多良民做了反叛的盗贼。这不是百姓们的过错，而是朝廷的过失。

　　实际上，自数年前辛弃疾在江西剿灭茶寇后，朝廷各地一直都有民变发生。那些领头之人只需振臂一呼，便会有千百人响应，杀掠吏民，不顾生死。这让曾经也有过雷霆手段的辛弃疾产生了疑惑，并开始重新考虑此中的因由。

　　最终，辛弃疾意识到，这都是那些不能奉行律法、救助民生的地方官员之错。如果不能从根本上解决问题，那么这样的叛乱会一直发生，而辛弃疾想要做的，乃是正本清源。

　　可是，辛弃疾此时的处境，似乎已不容乐观。

　　　臣孤危一身久矣，荷陛下保全，事有可为，杀身不顾。……自今贪浊之吏，臣当不畏强御，次第按奏，以俟明宪，庶几荒遏远徼，民得更生，盗贼衰息，以助成朝廷胜残去杀之治。但臣生平则刚拙自信，年来不为众人所容，顾恐言未脱口而祸不旋踵，使他日任陛下远方耳目之寄者，指臣为戒，不敢按吏，以养成盗贼之祸，为可虑耳。

　　　　　　　　　　　　　——《淳熙己亥论盗贼札子》

或许是因为张浚、虞允文等主战派领袖的辞世，也可能是因为叶衡等前辈的离朝，此时的辛弃疾已然开始用"孤危"之语形容自己在朝中的处境。但是他不愿为此改换初衷，宁可背负杀身之罪，宁可得罪那些朝中权势，也要努力纠正国家施政方略上的错误。

当年在滁州的时候，辛弃疾也曾让一座残破之城焕发生机，他希望能在湖南重振民生，匪盗诸事就会自然平息，如此才是真正的治民之法。

但是，辛弃疾也清楚地知道，自己刚拙自信的处世方式已然为许多人所诟病，他甚至开始担心已经有人在弹劾自己，大祸将临。他在《淳熙己亥论盗贼札子》中所表露的恳切卑微的态度，亦是对宋孝宗的一个试探，他想知道自己究竟还有没有再展宏愿的机会。

只是，一场关于湖南安抚使王佐与湖南转运副使辛弃疾因陈峒之变而引发的龃龉，最终也未能演变成什么朝堂之争，反倒是在一种含含糊糊的状态下结束了。

尽管王佐因剿寇耽误了农忙，但毕竟为朝廷平定了一场叛乱。宋孝宗对其大为赞赏，认为王佐一介书生却能捕杀贼寇，实属难得。而辛弃疾也没有为此事继续和朝廷据理力争，他选择了退一步海阔天空，甚至填了一阕《满江红》词，以庆贺王佐的平寇之功。

满江红·贺王帅宣子平湖南寇

笳鼓归来，举鞭问、何如诸葛？人道是、匆匆五月，

［宋］徐熙本　玉堂富贵图

渡泸深入。白羽风生貔虎噪，青溪路断鼪鼯泣。早红尘、一骑落平冈，捷书急。

　　三万卷，龙头客。浑未得，文章力。把诗书马上，笑驱锋镝。金印明年如斗大，貂蝉却自兜鍪出。待刻公、勋业到云霄，浯溪石。

　　筊鼓声声中，得胜之军荣耀归来，举鞭相问，那领军之人难道不似汉时丞相诸葛孔明？在这五月的时节，渡过泸水，深入那不毛之地，羽扇纶巾却生出貔虎般的勇猛气概，阻断了青溪，让那些流寇小贼无路可逃，空余悲泣。道上尘土飞扬，是报信的快马，传来大捷的消息。

　　读书三万卷，眼前人本是朝中的状元，可如今立下赫赫战功，也不是依靠这些文章之力。倒是把那些诗书都变作了驰骋沙场、厉兵秣马的威武。愿来年青云直上，金印斗大。富贵荣华都从这一场战斗而得，待来日，也学那浯溪畔的中兴颂碑，将这勋业刻石勒记。

　　虽然辛弃疾在词篇中将王佐比作了南征蛮荒的诸葛亮，可词中那一句"三万卷，龙头客。浑未得，文章力"确实很容易被人们认作是对王佐一介书生做武夫的羞辱。

　　更有甚者，认为这是辛弃疾对当今皇上的埋怨和嘲讽，因为宋孝宗曾夸赞王佐指挥军事的能力在"书生中亦不易得"。而随后不久，一道改任诏令，一份宋孝宗的御笔批复，将辛弃疾推入了一种越发惶恐不安的境地。

　　淳熙六年（1179）七月末，王佐调离湖南，改知扬州，辛弃疾升任湖南安抚使。八月初七，宋孝宗正式对辛弃疾的《淳熙己亥论盗贼札子》做了批复，并将文书下发给诸路监司帅臣，"遵守施行"。

这看似是对辛弃疾所提建议的认可，但宋孝宗却在批复里明言，辛弃疾的言论是"在已病之后，而不能防于未然之前"。如果地方官员贪蔽，那一定是"帅臣监司不能按察"；百姓谋反，则是帅臣监司疏于管理，"坐待猖獗"；武备不修，将兵不练，导致官军难敌匪贼，更是帅臣监司之过。宋孝宗甚至表示，朝廷张官置吏，有一些贪蔽无德之人很是正常，不需要再对此事"喋喋申谕"，只希望辛弃疾能体察圣意，在湖南安抚使任上做出一番成就来。

显然，这一次的升迁并不是因为宋孝宗认可了辛弃疾的奏议。相反，他不但驳斥了辛弃疾的言论，更对其即将开始的安抚使工作发出了警示。至于辛弃疾，当此关头，无论是出于对君王旨意的遵从，还是对自己理想的追求，都只能全力以赴。

淳熙七年（1180）的春二月，眼看着就要进入青黄不接的时节。辛弃疾知道，一旦百姓们无米下锅，便又要聚众反叛。为此，辛弃疾奏请以官府储备米粮为酬劳，招募民工浚筑陂塘。如此一来，既可以使百姓们生活稳定，又能兴修水利，利国利民。但是，湖南地区匪乱频起、官民冲突的问题并未就此消除。

这与当地特殊的风俗人情有着密切的关联。湖南之地，带控两广，连接蛮獠，与当时居住于西南地区的土著民族联系密切。这里风俗顽悍，自旧时起便以乡社为聚,大的乡社可统管数百户人家,小的也有几十户。因此,许多百姓并不在乎朝廷,更不畏惧官军,一旦官府与乡社间出现矛盾,就会刀兵相抗。

早年间,朝廷便一直在寻求解决乡社的办法,却屡屡失败。这一年,便有朝臣奏议,要求彻底罢去乡社之制,将实际的统管之权收回官府手中。当这一诏令传至湖南时,辛弃疾立即上奏提出反对,认为湖南百姓大多杂处深山,不易控制,有些人尚可听从朝廷诏令,有些人却对朝廷心存不满,若是不分情由统统罢去,只怕要引发更大的叛乱。

今欲择其首领,使大者不过五十家,小者减半,属之巡尉而统之县令,所有兵器,官为之印押焉。

——《论湖南乡社》

辛弃疾建议朝廷采取缓图之策,先对乡社统领进行筛选,将大的乡社分解成每社五十户,小的乡社数量减半,由各地巡尉、县令进行督管。乡社百姓的兵器则要在官府登记印押,但不能一概没收。与此同时,辛弃疾又奏请在郴州宜章县、桂阳军临武县设县学,旨在教化边氓,以柔人心,才能移风易俗,改变当地百姓与朝廷作对的风气。

这些施政谋略都是辛弃疾数年间历遍楚地山川所得出来的总结,而他还有一项更大的举措亟待施行——在湖南设置一支军队,日常用以地方治安,若是国有大事,亦可弥补调军不足的缺憾。

实际上，于湖南设置地方军队的想法朝廷早已有之。宋高宗绍兴年间，就有广东兵马黔辖韩京于广东设摧锋军。早年间，宋孝宗亦于淮东设神劲军，以备北伐。而在淳熙四年（1177），朝廷也曾商议在湖南招募勇士，设立军队，但因为时任安抚使的王佐多有顾虑，认为湖南之地多是亡命之徒，恐怕难以节制，最终未能施行。如今，雷厉风行的辛弃疾却没有任何犹疑。

军政之敝，统率不一；差出占破，略无已时。军人则利于优闲窠坐，奔走公门，苟图衣食，以故教阅

［宋］佚名 征人晓发图

废弛。……乞依广东摧锋、荆南神劲、福建左翼例，
别创一军，以湖南飞虎为名，止拨属三牙、密院，专
听帅臣节制调度，庶使夷獠知有军威，望风慑服。

——《请创置湖南飞虎军疏》

辛弃疾接任湖南安抚使时，军营之中已然弊病百出。
许多官兵习惯了安享荣华，只想着谋取官职，不思训练
兵伍，对逃兵不但不追，更冒名领取军饷，使得当地百
姓都不将朝廷军队放在眼中，遇着征战之事也无人肯报
名入伍。故此，辛弃疾奏请朝廷，依照广东摧锋军、荆
南神劲军、福建左翼军之例，在湖南创建一支飞虎军，
只隶属于殿前司三衙和枢密院，由湖南帅臣调拨，让许
多蛮夷之人见识到朝廷的真正军威，从此不敢犯上作乱。

辛弃疾的这一奏请迎合了宋孝宗的心意，在得到朝
廷的批复后辛弃疾便立即展开了行动，开始修建飞虎军
营寨，招募了两千步军、五百马军，购置战马铁甲。但是，
朝廷中的反对声音也随之而来。

枢密院诸臣虽然并不反对在湖南设置飞虎军，但因
为募兵买马需要支出军费，乃至于飞虎军尚未创成便已
经耗费了数万缗钱。这在许多人看来都是巨大的浪费。
枢密院有人再三谏言，要求停止飞虎军招募之事，甚至
有人认为，辛弃疾是借此机会聚敛财富。

当是时，宋孝宗传下了金字令牌，命辛弃疾暂缓募
军。辛弃疾收到令牌后却将其悄悄藏了起来，并下令必

须于一月之内将飞虎营修建完毕。造房舍的瓦片来不及烧制，辛弃疾便命官府向周边百姓们购买沟檐瓦；铺路的石料不足，便组织囚徒开凿山石，以此抵罪。待飞虎营建成后，辛弃疾这才把建营始末、营地图纸等一并上呈朝廷，宋孝宗见他如此迅捷有效，便也不再多言。

不过，此时的飞虎军只是初建，日后的军费开支仍是个棘手的问题。朝廷里的官员不愿意承担飞虎军的费用，一心想要缩减军备，辛弃疾便奏报朝廷，愿意"自行赡养"，却又遭到僚属们的竭力反对。

面对众多官员的因循苟且，辛弃疾为了经营飞虎军，只得采取独断专行的办法——改湖南税酒法为榷酒法，将酿酒卖酒之权收归官府，由此获取一笔稳定的收入。只是如此一来，那些原先以贩酒为业的百姓便蒙受了巨大损失，一时间物议沸腾，而那些早已虎视眈眈的官员们也终于找到了弹劾辛弃疾的诸多理由。

水调歌头·和赵景明知县韵

官事未易了，且向酒边来。君如无我，问君怀抱向谁开？但放平生丘壑，莫管旁人嘲骂，深蛰要惊雷。白发还自笑，何地置衰颓。

五车书，丁石饮，百篇才。新词未到，琼瑰先梦满吾怀。已过西风重九，且要黄花入手，诗兴未关梅。君要花满县，桃李趁时栽。

在飞虎军初创的那个多事之秋，辛弃疾给远在江陵出任知县的友人寄去一阕唱和之词。此时的他，已经被烦琐的政务所缠绕，只想好好地喝上一杯。可知己友人都不在眼前，彼此的肺腑又如何能倾诉。辛弃疾想把眼前的人生困境都放下，不愿理会旁人的嘲讽谩骂，他相信自己的所作所为终有一天会如惊雷骤起，纵然头发花白时也可慨然一笑，何必要陷于衰颓。

这一生，读过了五车书，饮过了千石酒，写下了百篇诗章，可如今一阕新词还未写成，已是热泪满怀。西风卷过九重天上，正该东篱赏菊，诗兴与梅花并无关系。若想要赢得满县花开的美名，还是赶紧去栽种桃李，莫错过良机。

诚然，辛弃疾为了创建飞虎军，做了许多出格之事。在这个疲弱求稳的时局下，辛弃疾的刚拙自信便越发显得锐利激进，甚至很容易被认作是好大喜功。尽管飞虎军建成后雄镇一方，成为诸军之冠，甚至连金人都知其声名，颇为忌惮。但是，在不少朝臣的弹劾里，却都认为辛弃疾创飞虎军、改榷酒法是"欲自为功，且有利心"，只是个贪功好财的酷吏。

这种"子非鱼，子非我"的事情，辛弃疾似乎无法为自己做辩解，他只能寄希望于未来的"惊雷"，期盼有一天人们能看到他的一番苦心。

淳熙七年（1180）的秋闱乡试，辛弃疾遇见了衡山（今湖南衡阳衡山县）学子赵方，阅其考卷，只觉议论慷慨，极具豪气，相问之下，才知他早年间曾受教于张栻，胸怀恢复之志。

那一天，辛弃疾显得格外欣然，回到后衙还同妻子范氏不停地念叨起赵方，感慨人才难得，可惜自己别无他物可以相赠。范氏自然了解丈夫的爱才之心，拿出自己收藏的绢帛，让辛弃疾权作赆仪。而三十七年后，成为京湖制置使兼襄阳知府的赵方在枣阳之战中与十万金兵对阵三月，终将敌人击退，成了赫赫有名的守边之臣。

只可惜，这些都是辛弃疾无法看到的了。自从那一年秋尽冬来，辛弃疾的人生便由高峰坠入了谷底，彻底进入了那"艰辛做就，悲辛滋味，总是辛酸辛苦"的境地。

是年深冬，江西发生饥荒。辛弃疾又一次被任命为江西安抚使，前往隆兴府处理赈灾之事。到任后，他仍旧以其动如雷霆之势，张贴起官府公告，"闭籴者配，强籴者斩"，由此斩断了不法之人企图囤积居奇、高价强卖的退路。

而后，不论官吏儒生，还是商贾百姓，但凡有实干能力的辛弃疾便召入府衙，以官府银钱出借众人且不收利钱，命其前往各地买运粮食。不出旬月，便有粮船源源不断地驶入隆兴城，城中米价随即平稳，百姓们都得到了救济。而当这一消息被出知南康军（今江西九江庐山市）的朱熹听到时，也忍不住称赞辛弃疾是个有才之人。

淳熙八年（1181）的开春时节，辛弃疾命人贩运牛

〔宋〕佚名 盘车图

皮前往淮东总领所，以供军需。谁知船过南康军时，守卒因见是一艘寻常客船，却插着江西安抚使的官牌，又不许搜检，便将舟船扣押了下来。

辛弃疾得知后，赶忙向朱熹修书解释，只道自己如此行事也是不得已而为之。若是民船上不插着官府的字牌，恐怕每每遇着关卡便要缴纳额外的赋税，负担过重。且不说辛弃疾运送这一船牛皮，就连那临安城里运送粪桶的小船，为了逃税都敢插着太上皇赵构德寿宫的牌子。朱熹本不信这话，恰巧半年之后他被调往临安出任提举浙东常平茶盐公事，亲眼见到了辛弃疾所言插着大内牌子的运粪船，这才不得不信。但是，这些微不足道的事也足以成为朝臣们弹劾辛弃疾的借口，毕竟，移送牛皮以作军备的举动，是辛弃疾擅自做主的。

实际上，在辛弃疾自湖南转任江西安抚使之后不久，关于飞虎军是否移屯的问题便引得朝中议论纷起。辛弃疾在淳熙七年（1180）八月间以迅捷之力创置了飞虎军，其治军虽有些成效，但终究时日太短，难免留有种种弊端。最重要的是，飞虎军虽名义上是朝廷军队，可在当时的境况下，实则是以辛弃疾为核心的地方武装。辛弃疾在任时，因其雷霆手段，部下诸人无不敬畏，军中将士无不驯服，一旦辛弃疾离开，飞虎军的诸多弊病便接连严生。

先是接掌湖南安抚使的潘畤上奏朝廷，称飞虎军"骄横不可制"，甚至发生了醉酒持刀伤人之事。湖南提点刑狱公事宋若水也道飞虎军太过骄悍，青天白日便敢掠人财物，寻常官吏都不敢过问。

辛弃疾离任后，飞虎军的归属也成为朝廷的难题。一时拨归步军司，一时又归荆鄂副都统，乃至于号令调度皆不通畅，军士抱怨，官员恼恨。于是，有人奏议将飞虎军移屯江陵，但也有人认为飞虎军已是无用之军，追究种种根由，自然又成了辛弃疾的责任。

许多朝臣都认为，飞虎军就是辛弃疾为了树立自我功业而建，他真正想要的是一支挂着自己名号的"辛家军"，要与朝廷争功。甚至连朱熹也曾提出质疑，认为当时驻守湖南的各部军队虽然存在很多问题，但以辛弃疾的能力，完全可以在旧有的军队编制上进行整治，可他却"别创一军，有增其费"，似有谋名谋利之嫌。

此外，为了供养军队，辛弃疾改税酒法为榷酒法，待其走后，继任之人又因榷酒法妨害百姓之利，再度改回税酒法。政令的反复，导致民怨更深，追根究底，还是辛弃疾的过错。

辛弃疾赴任江西安抚使后，与之交好的陆九渊也曾致信，言辞之中颇多訾议，认为其不能明察州府贪蔽之事，甚至有被胥吏蒙蔽玩弄之嫌。凡此种种，可见彼时的辛弃疾确实遭遇了仕途上最大的困境，尽管他十分努力于政务，但终究因为操之过急，难以面面俱到，遗留下了许多漏洞乃至把柄。

而这一切，都促使辛弃疾更加清晰地预见到自己的前途。到如今，也该是他离开朝堂的时候了。

沁园春

——遭贬黜，竹篱茅舍归去来

　　这年秋天，辛弃疾的归隐之所——带湖稼轩，终于快要落成。他仿佛听见那山野间的白鹤、猿猴声声质问着自己为何还没回去。归隐田园是他的平生志趣，他厌倦了宦海艰险，想要趁早归去，享受清闲。不仅为了莼菜鲈鱼之美，也为避开世间惊涛骇浪。书斋临湖而建，若想泛舟垂钓，须先种上一行湖柳；篱笆里的竹子不可太高，以免妨碍日后赏梅。秋可餐菊花，春可佩香兰，只等栽种。此时他心中顾虑的是君王皇恩太重，不肯放自己离朝。

第四章

沁园春·带湖新居将成

三径初成，鹤怨猿惊，稼轩未来。甚云山自许，平生意气；衣冠人笑，抵死尘埃。意倦须还，身闲贵早，岂为莼羹鲈脍哉。秋江上，看惊弦雁避，骇浪船回。

东冈更葺茅斋。要小舟行钓、先应种柳；疏篱护竹，莫碍观梅。秋菊堪餐，春兰可佩，留待先生手自栽。沉吟久，怕君恩未许，此意徘徊。

［宋］赵大亨 薇省黄昏图

甚云山自许，平生意气

　　尽管辛弃疾在江西赈灾有功，尽管他设置的飞虎军名震国中，尽管他无时无刻不在想着筹备军需，谋划着大宋将来的北伐。但这些，于当时的朝廷而言，似乎都不甚重要了。

　　据说，二十年前领兵南侵的金国暴君完颜亮是因为向往临安城的"三秋桂子，十里荷花"，才誓要灭了赵宋王朝。仿佛古往今来之人，都向往着江南的山水。辛弃疾也一度认为，江南吴楚之地会为他开启一个全新的世界。可到如今，归国二十余载的辛弃疾彻底明白，他中州男儿的刚烈本性与这个温柔娇弱的江南朝廷，似乎终究难以相融。

　　性格往往是一把双刃剑，辛弃疾雷厉风行的另一面，

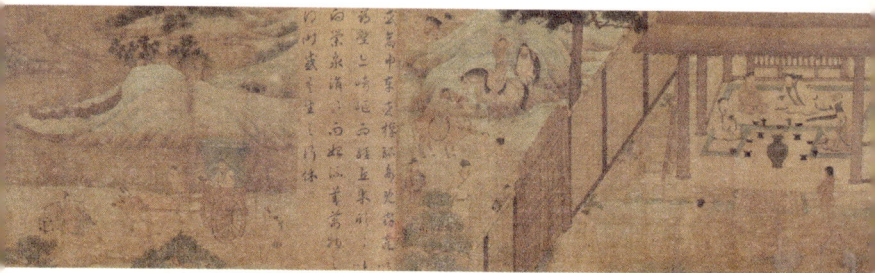

或多或少会因行事急躁而产生过错。但无论怎样，他都是一个敢作敢当的磊落汉子。

故此，面对着数年来朝廷中不断增多的指责和非议，辛弃疾对自己未来的际遇早有了预判。在他上疏宋孝宗，自言"年来不为众人所容"的时节，辛弃疾已经料到了日后遭弹劾罢官的结局，而在更早的时候，辛弃疾也开始考虑退步抽身之策。

> 百万买宅，千万买邻，人生孰若安居之乐；一年种谷，十年种木，君子常有静退之心。久矣倦游，兹焉卜筑。

——《新居上梁文》

大道不行，乘桴于海。古来多少渴望报效家国的士子，在失意之时都会以此作为心灵的慰藉。

辛弃疾也不例外。

淳熙六年（1179）的春夏之际，"两分帅阃，三驾使轺"的辛弃疾正在湖南转运副使任上，而其营建于信州带湖

（今江西上饶城广信区一带）的新居已经落成。

不难想见，辛弃疾应当是在出任江西安抚使时有了购置田地、修筑新居的打算。此前一段漫长而周折的宦游之旅，催生了他的静退之心，而在千挑万选之后，辛弃疾看中了带湖之地。

这里虽仍在城邑之中，但背负城垣，面临澄湖，青山田园在望，其意趣已出于车马尘嚣之外。这让辛弃疾想起了五柳先生陶渊明，其所归隐的故园柴桑（今江西九江柴桑区）恰属于这片"星分翼轸，地接衡庐"的江西之地。为此，辛弃疾也愿意卖剑买锄犁，轩窗看多稼，享受那物外逍遥之趣。

那时候，辛弃疾已然决定给这座新居取名稼轩，并自号稼轩居士，想把他那一腔收复中原、恢复河山的沙场豪烈，都换作山水田园里的农耕闲逸。只不过，辛弃疾仍旧不能克制地发出了"直使便为江海客，也应忧国愿年丰"的感慨，于是勉力支撑着心中的信念，想坚持

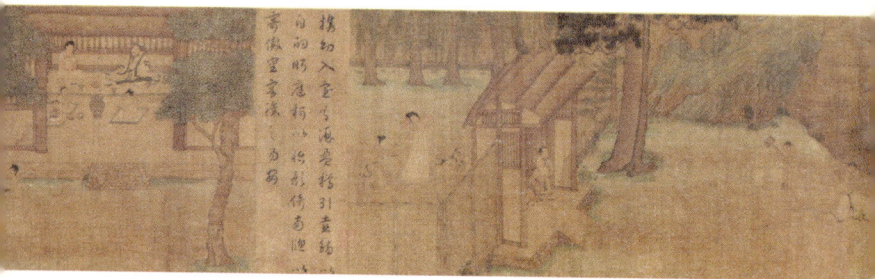

［宋］佚名 归去来兮辞图卷（局部）

到最后一刻。

淳熙八年（1181）的腊月初二，辛弃疾的半生仕途终于走到了尽头。在他改除两浙西路提点刑狱公事后不久，便有御史台臣王蔺上奏弹劾，称辛弃疾"奸贪凶暴"，是个"用钱如泥沙，杀人如草芥"的暴虐之徒。

由此，辛弃疾被罢去官职。而从未在宋廷考取过功名的他，似乎从这一日起，彻彻底底地成了一个归田园居的书生白衣。自此以后，"梦寐少年之鞍马，沉酣古人之诗书"。

但值得深思的是，若按御史台弹劾所奏，"奸贪凶暴"的辛弃疾犯下的乃是大罪，休说罢官去职，纵然流放岭南也不为过。但是，辛弃疾最终保全了身家自由，可以安然无恙地离开朝堂，去到他早已安排好的山水田园。这一场看似来势汹汹的宦海风波，更像是辛弃疾早已安排的结局。

沁园春·带湖新居将成

　　三径初成，鹤怨猿惊，稼轩未来。甚云山自许，平生意气；衣冠人笑，抵死尘埃。意倦须还，身闲贵早，岂为莼羹鲈脍哉。秋江上，看惊弦雁避，骇浪船回。

　　东冈更葺茅斋。好都把轩窗临水开。要小舟行钓，先应种柳；疏篱护竹，莫碍观梅。秋菊堪餐，春兰可佩，留待先生手自栽。沉吟久，怕君恩未许，此意徘徊。

　　这年的秋天，辛弃疾的归隐之所——带湖稼轩，终于快要落成。此时间，仿佛听见那山野间白鹤、猿猴的哀鸣，声声质问着园圃的主人为何没有到来。归隐田园乃是辛弃疾的平生志趣，纵然被那些富贵之流所嘲笑，可世人终究都会化作尘埃。厌倦了宦海艰险，不如趁早归去，享受着一份人生清闲。这不仅仅是为了莼菜鲈鱼之美，且看那秋江之上，弓弦一响，大雁就知道急忙躲避；调转船头而行，也是未免惊涛骇浪迎面扑来。

　　带湖边，东冈上，竹篱茅舍的书斋已经建好，门窗

〔宋〕佚名 梅竹聚禽图

也都向着湖面而开。若想要泛舟湖上，垂钓取乐，还须先种上一行湖柳。篱笆围护着新种的翠竹，但也不可太高，以免妨碍了日后赏梅。秋日有菊花可餐，春日亦有香兰可佩，只是这两种花还得等稼轩先生自己归来栽种。到此时，反而怕君王皇恩太重，不肯放人离朝，只能空余徘徊。

显然，在御史台正式弹劾之前，辛弃疾已经做好了归隐的准备。尽管他口中说着"怕君恩未许"，仿佛是自己恳请离任，但他的心里大约已经笃定，这徘徊难定的日子不会太久了。

掐指算来，此时距离带湖新房上梁之日已近两年，而整个稼轩的营建才刚刚落成。这倒也没什么值得奇怪的。虽然辛弃疾将这座稼轩称之为"茅斋"，但堂堂大宋安抚使的家宅又怎会是真的竹篱瓦舍？况且，他要营建的不仅仅是一处安居的房屋，更是一个山水自然的家园。

> 其从千有二百三十尺，其衡八百有三十尺，截然砥平，可庐以居……济南辛侯幼安最后至，一旦独得之，既筑室百楹，财占地什四。乃荒左偏以立圃，稻田泱泱，居然衍十弓。
>
> ——洪迈《稼轩记》

带湖稼轩落成后，辛弃疾曾将房屋的修造图样寄给好友洪迈，请其作文以记。这座轩宇位于信州城北，原是一片上百亩的平旷土地，正可以筑屋安居。幸运的是，

[宋]赵令穰 湖庄清夏图

许多在此买地置产的富贵人家都不曾选中这里，最终被辛弃疾买得，这才建造起屋楹百间，却也只占了其地的十分之四。那余下的地界都开辟成了园圃，种上了一畦又一畦的稻子，其广竟有五十尺。

这是辛弃疾为自己打造的田园之居，一座真正的城中庄园。宋室南渡后来自中原的富贵豪门大都会在江南置办新宅产业，而山水怡人的信州城亦是许多权贵驻足流连之地，故而此地的许多房舍的基本格局都不甚宽广。但辛弃疾却能得此附郭带水之处，在修筑房舍之余，开辟出广袤的农田。

想来，辛弃疾恐怕是早已决定将余生交付在这里，而建起这一座偌大庄园，所用资费想必不菲，只怕也是耗尽了他大半的积蓄。这就无怪乎去岁在湖南识得赵方时，他家中已别无他物可赠。

这座庄园，或许正是辛弃疾对晋代陶渊明"方宅十余亩，草屋八九间"的田园构想。他甚至很早就想象着自己可以像五柳先生那样"晨兴理荒秽，带月荷锄归"。

而在辛弃疾被罢去官职的最初时节，他确确实实安然自得地沉浸在归园田居的欢愉中，享受着"久在樊笼里，复得返自然"的欣喜。

水调歌头·盟鸥

　　带湖吾甚爱，千丈翠奁开。先生杖屦无事，一日走千回。凡我同盟鸥鹭，今日既盟之后，来往莫相猜。白鹤在何处，尝试与偕来。

　　破青萍，排翠藻，立苍苔。窥鱼笑汝痴计，不解举吾杯。废沼荒丘畴昔。明月清风此夜，人世几欢哀。东岸绿阴少，杨柳更须栽。

　　带湖原是词人最爱的地方，眼前千丈的湖水，犹如碧玉一般的镜匣，晶莹澄澈。稼轩先生终于归来，日日闲逸无事，便手执竹杖，脚着芒鞋，在湖边徜徉，一日恨不能走上千百回。词人有心与湖上鸥鹭订下盟约，但愿从此以后，常来常往，不要再互相猜疑。若是知道那白鹤停留在何处，不妨邀来同聚。

　　那鸥鹭立于苍苔之上，时而拨动浮萍，时而推开绿藻，那窥视鱼儿伺机捕捉的情态实在可爱又可笑，它哪里懂得词人此时举杯畅饮的情怀。这里本是一片破败的荒芜池沼，如今修整一新，在此明月清风之夜，堪称良辰美景，谁还管人间的离合悲欢。再看湖水东岸，只觉绿荫仍少，待明年时，还须把杨柳树多栽种上几株。

尽管辛弃疾的词中透着些幽幽的闲愁，却未见一点因壮志难酬而生出的悲愤慨叹，比之二十年前初任江阴签判时更显淡然。如此的退居生活确实给了辛弃疾难得的自在与知足，高兴时开门迎客，寻故访友；烦闷时闭门赏花，展卷观书；还能督教子女，尽情享受天伦之乐。

不可否认，此时的辛弃疾是不会将心中理想全然放下的。只不过，在这刚刚落职罢官的时候，辛弃疾也绝不会允许自己变成一个哀哀戚戚的落魄者，他最需要做的，就是用山水自然的开阔去纾解心胸。虽然带湖上的鸥鹭不懂辛弃疾的杯酒情怀，可稼轩之内从来都不缺能与辛弃疾诗文酬唱的友人。

淳熙九年（1182）间，刚刚归居带湖的稼轩先生辛弃疾，在书斋里接待了一位客人，正是当年奏议叶衡忤逆而致其罢相的汤邦彦。

自淳熙二年（1175）临安一别，辛弃疾与汤邦彦已是七年未见。二人开轩临湖，对坐而饮，不知不觉就说起了当年。那往事好似历历在目，又仿佛化为云烟，一时勾起了辛弃疾多少慨叹。

酒阑之时，汤邦彦因见辛弃疾前日所填《水调歌头》词，一时兴起，填词以和。辛弃疾哪肯落后，于是又用前韵，写成新词一首，以作答谢。

水调歌头·汤朝美司谏见和，用韵为谢

白日射金阙，虎豹九关开。见君谏疏频上，高论挽天回。千古忠肝义胆，万里蛮烟瘴雨，往事莫惊猜。政恐不免耳，消息日边来。

笑吾庐，门掩草，径封苔。未应两手无用，要把蟹螯杯。说剑论诗余事，醉舞狂歌欲倒，老子颇堪哀。白发宁有种，一一醒时栽。

辛弃疾想起了当年二人初识之日，正是在临安城内的帝王宫阙。那一重重的宫门，可谓是守备森严。彼时的汤邦彦出任司谏之职，弹劾不避权贵，性情锐意，论议风生，也是胸怀大略的忠义之人。只是未曾想到，一朝被贬，便去了万里烟瘴之地，至于那一场不快的往事，还是早些看破放下。大丈夫报效家国，终究会有重入朝堂的一天。

只是可笑这田园草庐，门前长满蒿草，小径长满了苍苔。辛弃疾自嘲无官无职也未必无事可做，这一双手还能持蟹螯、端酒杯，可以畅意自足地度过余生。那些谈兵论诗也都成了闲逸之事，不如趁此醉舞狂歌，睡个东倒西歪。这种境况确实有些悲哀，那头上的白发忽然增添了许多，也不知是不是酒醒后的愁烦所栽。

尽管当年叶衡是因为汤邦彦而罢相，辛弃疾也曾因

〔宋〕李成　晴峦萧寺图

此对其颇有意见，但终究时过境迁。实际上，撇开汤邦彦因私恨弹劾叶衡一节，对于当年朝廷派遣汤泛使前往金国商议河南陵寝之事，辛弃疾和汤邦彦都是持反对意见的。他们两个都不愿意朝廷以卑微之态去恳求金人，更担心如此举动会引起金人的警觉，猜出宋廷有心北伐的意图。也正是因此，汤邦彦才对叶衡的举荐心生怨愤。而后，汤邦彦因此被流放岭南，一去数年，直到两年前朝廷大赦才被恩准迁往信州，他也与辛弃疾得以相聚。

这一刻，辛弃疾与汤邦彦可算是天涯沦落人，在经历了朝堂的种种变故之后，彼此都生出惺惺相惜之感。辛弃疾也由此坦然地面对着自己白发频添的心境。因为他从来都不会放下朝堂。

与汤邦彦一聚之后，辛弃疾在带湖的日子渐渐生动起来。先是有一位名叫范开的学子来访，愿拜在门下，从其游学。辛弃疾欣然应允。于是，他每日在游览带湖、结盟鸥鹭的闲情之外，又多了教导弟子的责任。

因带湖稼轩依城而建，许多寓居此间的文人雅士如徐安国、韩元吉、晁楚老等都与辛弃疾时相过从。更有一些出任信州的朝廷官员，如信州郡守钱象祖、郑汝谐、王自中，通判洪莘之等，也常常登门拜访。他们中有仰慕辛弃疾的，有志趣相投的，亦有求问政务的，每每宴饮欢歌，诗词唱和，使得带湖稼轩竟也成了信州城内的一个热闹去处。

这年九月下旬，新任江西提点刑狱的朱熹辞官归去，途径信州时便前往带湖稼轩拜会辛弃疾。于是，辛弃疾邀上寓居此地的文友韩元吉、徐安国，与朱熹一道游赏城南南岩寺。

这寺宇乃是唐时草衣禅师以山间岩洞为室，聚僧讲经，甫创而成。众人登山而上，却见寺宇空空，只是荒芜一片。登上岩基，听得山间泉水潺潺。

那一天在南岩寺上，辛弃疾和朱熹一定谈论了许多事情。虽然此前二人已经相识，对彼此之事也多有耳闻，但能够相对而坐，推心置腹，还是头一回。

朱熹一定会告诉辛弃疾，他已将《大学章句》《中庸章句》《论语集注》《孟子集注》合刊，修成一部《四书集注》，为日后的士子求学问道留下一个范本。他大概也会向辛弃疾说起自己未来的打算，他想要回到故乡，在武夷山九曲溪畔创办一间精舍，收徒讲学，潜心著书。辛弃疾听了这话，必然是击掌称赞，甚至当即与朱熹约定，来日得暇，一定会前往拜访。但他也不会想到，再要践约，竟然是等待了十年。

淳熙十年（1183）的春天，因宋孝宗年前大享明堂而再一次大赦天下，流放八载的汤邦彦终于得以归家。辛弃疾设下酒宴，为之饯行，自然又有离别词作相赠。随后，旧时在临安城结识的好友陈亮陈同甫传信而至，道了久别挂念之情，又说秋后有意来访。待好容易等到了秋日，陈亮未来，辛弃疾却要先送弟子范开去赴乡试，盼着他"明年此日青云上，却笑人间举子忙"。可谁知，明年春来时，烦恼与悲伤却接踵而至。

淳熙十一年（1184）的三月间，临安忽然传来消息，道是陈亮以杀人之罪被拘捕至大理寺。而这，已是他第二次被系大狱了。

关于辛弃疾与陈亮的相识，坊间一直有个传说。当年，陈亮因仰慕辛弃疾豪义之名，遂前往拜访。谁知，行至门前忽遇小桥，陈亮三次跃马，可马儿胆怯，不敢过桥。陈亮一怒之下挥剑斩马，将其推倒在地，徒步而行。恰巧，辛弃疾在家中楼阁上望见此景，大为惊异，忙遣仆人前去相问此人姓名，哪知对方已经门前扣环，两个豪爽落拓之人就此结为知己至交。

陈亮早前曾两次参加科举，却都名落孙山，但这并不能妨碍他的报国之情。淳熙五年（1178），陈亮连续三次上书，对朝廷苟安东南的国策以及朝中诸人空谈怯懦的风气大加批判，博得宋孝宗的赏识。宋孝宗意欲将其拔擢入朝，却被生性固执的陈亮给拒绝了。而落魄狂放的性格，也使得陈亮遭到了许多朝臣的嫉恨。

最初，有人诬告陈亮言语犯上，乃至其被刑部拘押后惨遭拷打，体无完肤，幸得宋孝宗亲自过问，才得免罪。而此番入狱，则是因为陈家仆童杀人，遂又有人趁机诬告，道陈亮及其父乃是主谋，将陈亮捕至大理寺、陈父拘于州狱中。那些官员本欲置陈亮于死地，却又不能查证他主谋杀人的罪行，便鼓动州县官员查找陈亮贿赂买通之罪，借机对其严刑审讯。

为了搭救陈亮，辛弃疾与友人罗点、赵汝愚等多方奔走，书信求援，最终得到宰辅王淮的帮助，陈亮才得以无罪开释。但辛弃疾万没料到的是，这里才使得友人免死，回身却要与自家孩儿生死离别。那个曾被辛弃疾盼无灾无难到公卿的辛家铁柱，因病夭亡。

> 方看竹马戏，已作薤露歌。哀哉天丧予，老泪如倾河。
>
> ——《哭䧅十五章·其一》

这当是辛弃疾归居带湖以来最为痛心的事。辛䧅是辛弃疾与范氏的第一个孩子，亦是其在那一段宦海颠沛的时光里最大的安慰。如今，孩儿刚刚长成，正是骑着竹马嬉戏玩闹的可爱年岁，却被这一场悲风所摧折。

那些日子，辛弃疾为了娇儿的离世"泪尽眼欲枯，痛深肠已绝"，居于室中仿佛仍能听见铁柱的啼哭之声，乃至于说话都不敢高声，恐怕吓着孩子。而辛弃疾诗词中的哀怨，也比往昔壮志难酬时更多了一层柔软的悲恸。

也许，辛弃疾由此才意识到，曾经的那些烦恼都是自寻的，其本源不过是个人的功名荣辱，都是些身外之物。但此时，辛弃疾的忧伤却是发自肺腑的，即便他用一贯爽朗洒脱的天性去努力化解，都无法摆脱。

丑奴儿·书博山道中壁

> 少年不识愁滋味，爱上层楼。爱上层楼，为赋新词强说愁。
>
> 而今识尽愁滋味，欲说还休。欲说还休，却道天凉好个秋。

[宋] 张敦礼　松壑层楼图

　　或许就是这年的秋天，辛弃疾再一次来到邻县广信（今江西上饶广信区）的博山之上。这里云遮雾绕，有一川松竹，是辛弃疾诗词中的桃源仙境。他曾在山间寺宇留宿，听峰顶隐雷，看落梅如许，要把身后虚名都换作一醉。但此刻，辛弃疾站立山道之上，眺望着远山近树，许多风景似乎都看不见了，只是被那瑟瑟的秋风拂动了心怀。

　　他不禁想起少年时候，总是喜欢登上高高的楼阁，望着苍茫天地，为了填一阕新词强说烦愁。如今真正体会了愁烦滋味，待要说时却又不愿多说，只能感慨"天凉好个秋"。

　　也许，一个人的老去，就是从不愿再强说愁烦的那一天开始的。即便刚强如辛弃疾这般，也不得不面对真实的人生，学着将烦恼看淡，将生死看破。

　　"人生忧患始于名，旦喜无闻过此生"。到此时，罢官离朝的愁烦已经算不上什么大事了，辛弃疾也做好了准备，要将那"贫须依稼穑，老不厌山林"的田园生活继续下去。

　　大约就在那两三年间，辛弃疾决定给家中诸子改名。早前，每个孩子的名字取自其出生之地。如今阖家归居带湖稼轩，要依靠稼穑度过余生，辛弃疾便选了许多以"禾"为旁的字，一一为儿女们命名：长子为辛稹，次子为辛秬，待序至第三子辛秸时，辛弃疾便禁不住想起了夭亡的辛䅟，他若还在，这名字倒也适合他。

随后，辛弃疾开始将家中诸事慢慢转交给已经成年的辛稹、辛秬去料理，他自己则是"有酒无余愿，因闲得此心"。在安享生活的同时，辛弃疾的词作中也开始有了"春入平原荠菜花，新耕雨后落群鸦""北陇田高踏水频，西溪禾早已尝新"的清新与动人。

清平乐·村居

茅檐低小，溪上青青草。醉里吴音相媚好，白发谁家翁媪？

大儿锄豆溪东，中儿正织鸡笼。最喜小儿亡赖，溪头卧剥莲蓬。

这是一个夏日的傍晚，日头降落，湖风清凉，溪水自茅檐房舍边流淌而过。辛弃疾饮了两三杯酒，不觉有些微醺，隐隐听得有人说话，都是软糯的江南吴音。抬眼望去，那湖边坐着的，也不知是谁家的白发老者。

长子辛稹在溪水东面的豆田里锄草，次子则在用竹篾编织鸡笼，最可人的还是年幼的小儿，活脱脱一个顽皮鬼，正躺在溪头草地上剥着莲蓬。

有时候，辛弃疾也会去邻近的友人家中，谈诗论词，往往喝得大醉而归。醒来时却见窗棂上贴着一纸字笺，原来是妻子范氏填了一阕小令，劝诫他不要饮酒太多，以免伤身。

辛弃疾虽则心里感激，口中却还逞强，趁着宿酒未醒，也填了一阕词回应，生要将自己比作那魏晋时的刘

[宋] 梁楷 耕织图

伶，纵然醉死酒里也不在意。范氏见此，只能包容了丈夫这点"冥顽不灵"的性子，由着他醉饮山川去了。

准确说来，辛弃疾并不是因为退居带湖后才有了归隐田园之心，而恰恰是因为他的心中早存着一份山水之乐，才最终做出了这样的选择。而对于这份心思的追溯，恐怕要比辛弃疾的南归出仕早上许多。

早在辛弃疾少年求学时，他在老师樱宁先生刘瞻那里读到一首七言绝句，道是："桑芽粒粒破春青，小叶迎风未展成。寒食归宁红袖女，外家纸上看蚕生。"句句清新，浑然天成。

只不过，那时的辛弃疾恐怕还无法想象如此的田舍生活究竟是何模样。直到有朝一日，他真的回归了田园，看到了这样的场景，才体会到其中的闲适与雅趣，也才有了《鹧鸪天·代人赋》里的"陌上柔桑破嫩芽，东邻蚕种已生些"，有了《鹧鸪天·游鹅湖醉书酒家壁》里的"青裙缟袂谁家女？去趁蚕生看外家"。而在真正经历了人生的荣辱沉浮之后，辛弃疾大概也理解了古来文人进退存亡、行藏用舍的道理。

踏莎行·赋稼轩集经句

　　进退存亡，行藏用舍。小人请学樊须稼。衡门之下可栖迟，日之夕矣牛羊下。

　　去卫灵公，遭桓司马。东西南北之人也。长沮桀溺耦而耕，丘何为是栖栖者。

　　人生在世，应知进退，用则行，不用则藏。不妨做一回不求上进的小人物，效仿那樊须学稼，寻找田园之乐。简陋的衡门足以栖身，日落之时看着牛羊归圈，也是一种自在的生活。

　　若是非要像孔夫子那般，为了施展抱负，周游列国，被卫灵公驱逐，遭桓司马追杀，南北驱驰，颠沛流离，又有什么意趣？最终还是被那躬耕的长沮、桀溺所嘲笑，天下之大，却四处奔波，无处可依。

　　这当是辛弃疾归居后为带湖宅院稼轩多题之词，看似是时人常做的集经句的文字游戏，却可窥见辛弃疾对儒家经典的熟悉。或许，这些古人对于荣辱进退的思虑，也早在辛弃疾的心中埋下了根基。

道男儿到死心如铁，看试手，补天裂

对于中国的文人士大夫而言，"达则兼济天下，穷则独善其身"是他们立身处世的一个准绳。只要坚定了这一信念，他们便可以坦然地追逐理想抱负，在仕途上不断拼搏；也能够淡然地面对荣辱之变，失落时做到泰然不惊。而在这一精神世界里，他们大都有一个人物标杆——陶渊明。

早年间，当辛弃疾还在仕途上奋进时，也会因为与友人的闲情唱和，偶尔提及陶渊明。这位七百多年前的文人，虽然也曾有过"精卫衔微木，将以填沧海"的雄心壮志，但最终不堪朝堂的纷扰而归隐田园。尽管世人往往只记得他"采菊东篱下，悠然见南山"的自在，却也不能忽略其"日月掷人去，有志不获骋"的失落和感伤。

故此，当归居的辛弃疾开始频繁地以陶渊明比拟自身时，陶渊明所遭遇过的那些彷徨苦闷和最终看破的豁达开朗，都成了辛弃疾自我慰藉的良药。

水调歌头·再用韵答李子永

君莫赋幽愤，一语试相开。长安车马道上，平地起崔嵬。我愧渊明久矣，独借此翁潇洒，素壁写归来。斜日透虚隙，一线万飞埃。

断吾生，左持蟹，右持杯。买山自种云树，山下斸烟莱。百炼都成绕指，万事直须称好，人世几舆台。刘郎更堪笑，刚赋看花回。

退居带湖的那一年秋日，辛弃疾同友人韩元吉、李子永等人去城西的山间云洞游赏，把酒西风，看花开菊黄，彼此自有一番诗词唱和。

李子永当是一个性情中人，面对世间的种种不公，多有愤慨。辛弃疾便借着词篇劝慰他不要学晋时嵇康那样书写《幽愤诗》，实则也是在倾吐自己的心肠。想那官场从来险恶，且看那长安的平坦大道上也会突然出现高山险坡。这一回，辛弃疾是终于要归隐了，他心里一直钦慕着陶渊明，需要借助他来洗涤自己的内心，在素白的墙壁上写下《归去来兮辞》，一缕斜阳透过缝隙照射进来，那光亮处舞动着万千尘埃。

料想自己的后半生，得左手持蟹、右手持杯地潇洒而过，买一块山岭种上云层般的树林，在山下开垦田地，耕种菜蔬。历经了宦海沧桑后，再刚强的人也会变得柔弱，被磨去了种种棱角，遇事只会声声称好，唯唯诺诺。人世的变幻实在太多，可笑唐朝的李玉玺，只因一首《看花》诗，便被朝廷罢黜。

从"我愧渊明久矣"到"千古黄花，自有渊明比"；从"试寻残菊处，中路候渊明"到"待学渊明，酒兴诗情不相似"，在辛弃疾归隐田园的日子里，他一直努力地抚平内心，进退求适。

虽然辛弃疾曾说甚爱眼前的这一片带湖，可毕竟家在城中，仍旧难免尘嚣侵扰。天长日久，辛弃疾那点归隐林泉的心思便越发浓烈起来。这几年间，他竹杖芒鞋，将邻近的丘峦泉壑都寻访了个遍，为的是求一处山明水秀的真自然。

不知是不是朱熹和陆九渊都于书信中提起过，就在信州西南的铅山（今江西上饶铅山县），有一绝妙之处鹅湖镇。那是淳熙二年（1175）间，朱熹与陆九渊应东莱先生吕祖谦之邀，会于鹅湖古寺，讲道论理。虽然那次相聚最终不欢而散，但二人都为鹅湖的水色山光所倾倒，心生流连，想着日后再去。

为此，辛弃疾便也一径访去。待见到鹅湖风光，果然再也挪不动脚步，而登山问泉间，辛弃疾竟找到了心中思慕已久的归隐之地。

［宋］李唐 万壑松风图

〔宋〕佚名 秋林观泉图

洞仙歌

访泉于奇师村，得周氏泉，为赋。

飞流万壑，共千岩争秀。孤负平生弄泉手。叹轻衫短帽，几许红尘。还自喜，濯发沧浪依旧。

人生行乐耳，身后虚名，何似生前一杯酒。便此地结吾庐，待学渊明，更手种门前五柳。且归去，父老约重来，问如此青山，定重来否。

淳熙十三年（1186），在铅山的奇师村，辛弃疾寻得了一眼清泉。因是本地周氏兄弟的产业，故而取名周氏泉。登山而去，但见泉水泠泠，好似古人所言"千岩竞秀，万壑争流"之态。辛弃疾不觉感慨，若是以此水

分茶，只怕味道绝佳。于是更觉得红尘轻俗，且喜此间还有沧浪清水，可以濯洗头发，令人神清。

人生最要紧的，当是及时行乐。那些身后虚名，还不如眼前的杯酒畅饮。有心在此修筑茅庐瓦舍，更要学那晋时陶渊明，在门前种上五棵柳树。只是如今还须暂且归去，而此地父老因问何时再来。看青山盈盈，岂能不归，待安排了诸多杂事，便可如约重来。

若说起辛弃疾对奇师村周氏泉的钟情，大约是因为这里的泉水让他想起了故乡济南府的百脉清泉。况且，此泉水从半山泻下，流入臼中，泉池形似瓟瓢。于是，辛弃疾便取《论语·雍也》之"一箪食，一瓢饮，在陋巷，人不堪其忧，回也不改其乐"之意，取名为瓢泉，以志心怀。

自此以后，辛弃疾便时常往来于带湖、瓢泉两地，纵情山水，以求物我两忘。

田园诗酒的日子过得如此匆匆，转眼已是淳熙十五年（1188）元旦之日，恰逢立春。而此间的世事，似乎大有不同。

两个月前，退居德寿宫的太上皇驾崩了。虽说宋高宗当初以"倦勤"为由而禅位，可这些年来却也未真的歇着。朝中常有私议，道是许多国策的决定主张，当今圣上也要看这位太上皇的眼色行事。否则，宋孝宗立志北伐二十年，为何终究功业难成，甚至连那些力主北伐的朝臣都渐渐远离了朝堂。

如今，宋孝宗终于不再受此羁绊。至于朝堂局势，或许也到了改头换面的时候。

蝶恋花·戊申元日立春席间作

谁向椒盘簪彩胜？整整韶华，争上春风鬓。往日不堪重记省，为花长把新春恨。

春未来时先借问。晚恨开迟，早又飘零近。今岁花期消息定，只愁风雨无凭准。

元日新春这天，家中亲眷欢聚一堂。正当韶华的侍婢整整，抢着从椒盘中取出春幡插上鬓间。春风拂过，忽叫辛弃疾想起了初归朝廷的那年春节，也曾在发妻头上见此彩胜。不承想，距今已是二十余年，叫人不觉恼恨岁月无情。

[宋] 赵昌 岁朝图

然而，春日既来便忍不住地询问今朝花期。那晚开的嫌它花开太迟，那早开的又怕它转瞬飘零。若按常理，元日逢立春，花期应可定。只是担心那春日的风雨难以预测，又怕耽误了花期。

尽管辛弃疾一度声称"身似枯株心似水"，可漫漫六年的闲居生活并未完全消磨他的赤子之诚。此时的辛弃疾显然是还存着一点希望的，想着宋高宗驾崩后，当今皇上便少了一个掣肘，或许北伐大计能够重新提起。

但是，辛弃疾又难以克制心里的矛盾，似乎是盼着春消息，又怕那消息里夹带着冷冷风雨。他的惜春与怨春，恰是对朝堂的期盼和疑惧。

同在元日这一天，门生范开将其新修编成的《稼轩词》呈献给了辛弃疾。这都是他数年来搜集的百首词作，皆是辛弃疾亲笔。范开亦在集册前题序，道是"器大者声必闳，志高者意必远。知夫声与意之本原，则知歌词之所自出"。他相信，透过那些词章，世人定能窥见辛弃疾的本真情怀，了解其人生。

一天，辛弃疾忽然听得一个消息，道是朝廷中有一则邸报，称辛弃疾因病挂冠，离朝而去。

这叫辛弃疾又是惊叹，又是好笑：他虽然也盼望着朝廷的起复，却没想到最后竟生出这样的笑话。自己分明被劾罢官，归居田园已经数年，为何突然又变成了因病挂冠？难不成是朝廷已经赐了他什么官职，如今却又翻悔？想来，一定是那坊间好事者为之，权当笑柄罢了。

沁园春

戊申岁，奏邸忽腾报谓余以病挂冠，因赋此。

老子平生，笑尽人间，儿女怨恩。况白头能几，
定应独往；青云得意，见说长存。抖擞衣冠，怜渠无恙，
合挂当年神武门。都如梦，算能争几许，鸡晓钟昏。

此心无有亲冤，况抱瓮年来自灌园。但凄凉顾影，
频悲往事；殷勤对佛，欲问前因。却怕青山，也妨贤路，
休斗尊前见在身。山中友，试高吟楚些，重与招魂。

老子我生平最看不上那些人世间的纷纷扰扰、恩
恩怨怨，如今头发都快白了，更应该归隐山林。当年
仕途得意时，也曾想过富贵长存。到后来，还不如脱
下衣冠，高挂在神武门上，早些辞去。这些都是过眼
烟云了，就算还能多留职几年，又有什么意义？

这些年，我的心里早没有什么亲疏仇怨了，就
想做那个抱瓮的老者，过着淳朴的田园生活。虽然
偶尔有些凄凉孤独，也会想起悲伤往事，但都被求
佛问道的心境给化解了。这时候，最怕有人说什么
归隐之路妨碍朝廷贤才之路，也不想计较眼前的身
份。还是让那些山中友人，为我高吟《楚辞》，就
当是我再一次被罢官，趁早为我招魂。

在年将五十知天命的时候，辛弃疾变得越发落拓不
羁了。尤其是在这个情境微妙的时候，他的心态也越显
得恣意盎然。仿佛那些功名利禄，他已都不放在眼里，

言辞评论，亦庄亦谐，却又似含隐情。

也许，那时的辛弃疾已经听到了一些朝臣对他的议论，只是他还不知道这些究竟能否改变他现今的境况。

这两年间，在武夷山教授子弟的朱熹曾好几次说起辛弃疾，赞他是个人才，更是个帅才，只不过性情纵恣，只要略加警策便可有大用。如今却为此将其弃之不理，"便如终废"。朝堂上，左丞相王淮也向宋孝宗进言，称辛弃疾虽然难以驾驭，但朝廷用人可分缓急，无论如何也不该将其闲置。

于是，在千等万等之后，辛弃疾最终等来的是朝廷所赐的一个主管冲佑观的闲职。没有任何公务可干，生活仍旧是带湖边的稼轩田园。这自然是让辛弃疾有些失望的，但他并没有彻底放弃。此时他心里想着的，是老友陈亮怎么还没来。

当辛弃疾还因为朝廷是否会起复自己而跨踌忧烦的时候，那位性情更加急躁的老友陈亮，已经为了北伐之事开始四处奔波。

初春二月时，陈亮便前往建康、京口一带考察山川地理形势，继而上书宋孝宗，恳请朝廷"命将出师以谋中国"，并要任用非常之人以建非常之功。而彼时陈亮心中所想的，大概就是"体备阳刚之纯，气含喜怒之正"的朱熹，以及"眼光有棱，足以照映一世之豪；背胛有负，足以荷载四国之重"的辛弃疾。

　　但是，陈亮的上书并没有得到朝廷的回应，那些沉湎于安稳享乐中的懦弱士大夫们依旧认为这只不过是一个狂生的妄言，根本没有将这份奏疏呈送至宋孝宗面前。失落之余的陈亮只得另辟蹊径，他决定先与两位友人会面，共商大计。

　　淳熙十五年（1188）的秋冬之际，陈亮满怀激动地给朱熹写去一封信，力劝其出仕，以担当起家国重任，并相约于兰溪，好当面商议。

　　虽然朱熹也盼望着朝廷能够任选大臣、振举朝纲，但行事一向稳重谨慎的他更希望能够循序渐进。故此，在其回复陈亮的书信中，一面劝陈亮先不必着急会面，一面又婉转地表达了自己的心意。朱熹以为，议论时局也不是不可以，但若操之过急，毫无重点，终究只泛泛而谈，不能一吐所怀。朱熹遂请陈亮先自"略输大意"，好叫彼此见面之前心里便有了个主意，待到见面时就可详细商谈。

　　朱熹的回信给了陈亮莫大的鼓舞，只以为此事可行。于是连忙再致信一封，告知其有心匡扶社稷，劝勉君王兴兵北伐，并称已同辛弃疾约于鹅湖相见，故请朱熹岁末之时前往铅山紫溪，三人同聚。

　　当这封信送出之后，陈亮的热烈之情越发按捺不住。他跨马登程，先自前往鹅湖去了。

　　此时已是寒冬岁尾，想鹅湖天气，当是阴晴不定，

[宋] 夏圭 雪堂客话图

辛弃疾甚至略染风寒，有些微恙。但能得老友相访，亦是人间美事和幸事，令他精神甚爽。那时的辛弃疾，可能已经在鹅湖安置了几间宅院，又或者寄寓在一间清幽的馆舍中。窗外雨雪霏霏，屋内则备好了炭火、温好了酒，更用瓢泉之水烹好了茶。辛弃疾与陈亮相对而坐，侃侃而谈，饮醉了倒头便睡，睡醒了则一同游湖。

　　对于辛弃疾而言，此时的陈亮大约就是那火盆里的热炭，纵然雪天大寒，也能给予他无穷的力量，扫尽他心头的彷徨，勾起他掩埋已久的热烈。

也许，诚如朱熹所说，辛弃疾与陈亮的滔滔不绝的议论中并没有什么明确的论点，他们只是不断陈述着各自对振兴朝廷的构想、对北伐的渴望。他们依然会狠狠地抨击乃至咒骂朝臣们的懦弱无能，悄悄地抱怨君王的冷落。但是，这并不妨碍他们的心灵相通，他们本就是如此刚烈的人物，在沉寂了数年之后，终于等来了一个可以一吐衷肠的机会。

两个至交的鹅湖相聚足足持续了十天，这十天，他们也在共同等待朱熹的到来。谁承想，朱熹却终究未来。

实际上，朱熹在初次回复陈亮的书信时，就已经预料到了这位友人的意图，只是对方未曾明言，他也不便明说。待接到陈亮的第二封书信时，朱熹见他果然有着明确的理论朝政的意向，便决意拒不赴约。

> 近方措置种得几畦杞菊，若一脚出门，便不能得此物吃，不是小事。奉告老兄，且莫相撺掇，留取闲汉，在山里咬菜根，与人无相干涉。了却几卷残书，与村秀才子寻行数墨，亦是一事。
>
> ——朱熹《答陈同甫书》

深知陈亮与辛弃疾本性的朱熹一直是个心怀坦荡的诤友，毫不避讳地奉劝二人不要过早地操心朝局。相较于此番鹅湖相会，朱熹更愿意留在家里，等着吃新种下的几畦杞菊。至于陈亮，也不要去撺掇闲居的辛弃疾，大家不如留在山里啃啃野菜，看看书卷，写写文章，也算是平生幸事。

只不过，朱熹的这一封回信尚未送到，陈亮已经急不可耐地出发了。而空等了十日，辛弃疾与陈亮自然也猜到了朱熹的心思，于是不再强求，各自归去。

贺新郎

陈同甫自东阳来过余，留十日。与之同游鹅湖，且会朱晦庵于紫溪，不至，飘然东归。既别之明日，余意中殊恋恋，复欲追路。至鹭鸶林，则雪深泥滑，不得前矣。独饮方村，怅然久之，颇恨挽留之不遂也。夜半投宿吴氏泉湖四望楼，闻邻笛悲甚，为赋《贺新郎》以见意。又五日，同甫书来索词，心所同然者如此，可发千里一笑。

把酒长亭说。看渊明、风流酷似，卧龙诸葛。何处飞来林间鹊，蹙踏松梢微雪。要破帽多添华发。剩水残山无态度，被疏梅料理成风月。两三雁，也萧瑟。

佳人重约还轻别。怅清江、天寒不渡，水深冰合。路断车轮生四角，此地行人销骨。问谁使、君来愁绝？铸就而今相思错，料当初、费尽人间铁。长夜笛，莫吹裂。

陈亮离开鹅湖的那天，应该已雪霁天晴。望着友人的身影一点点地消失，最终遥遥不见，辛弃疾的心里便

[宋] 范宽 雪景寒林图

越发依依难舍，似有块垒难浇。于是他策马追去，想再邀陈亮多留些时日。怎奈行至鹭鸶林时，雪深泥滑，再难前行。

无可奈何的辛弃疾只得在方寸的酒肆里独饮一番，怅然不已，只恨当初未能及早挽留。这一日，辛弃疾投宿在吴氏泉湖边的四望楼，夜闻笛声，声声悲凉，于是写下了这阕《贺新郎》词，意欲寄送给陈亮。不承想，词未寄出，辛弃疾已然收到陈亮索词一篇的书信。如此知己同心，令辛弃疾又觉欣然。

辛弃疾想起那日长亭把酒话别，陈亮的风流才情宛如陶渊明一般，而其志向才干，更似卧龙先生诸葛亮。不知何处飞来的鹊鸟，踩踏下松枝上的残雪，洒落了满头，好似给二人增添了许多白发。此时间，山水凋残，万物凄冷，只有那稀疏的梅花增添了几分冬日风情。空中飞过的两三只大雁，也都显得那样孤寂萧瑟。

好友相聚是多么的珍贵，可如今却又匆匆离别。怅恨这天寒地冻的天气，水深冰合，再也无法追逐挽留。道路上的车辆都仿佛生了四角，不能转动前行，路上行人也都心情惨淡。若问辛弃疾为何心中如此愁闷，只因不该轻易与陈亮分别，才落得此刻的思念难断开，仿佛铸成了什么大错。但听那夜来笛声，更叫人心生悲切。

辛弃疾对陈亮的依恋，不单单是友情的难舍，更有一些壮志难酬的不安。尽管都是豪烈落拓的人，但辛弃疾较之陈亮还是要沉稳得多，遇事时考虑得也更多。或许，在辛弃疾的内心里，他已经明白朱熹爽约的深意。

尽管彼此已熟识多年，但若论对待治国处世之道，朱熹与辛弃疾、陈亮之间其实一直存在着一条难以逾越的沟壑。朱熹是个"格物致知"者，讲究穷天理，明人伦。他固然反对朝廷对金议和，但也并不支持在当下施行北伐恢复之计，希望宋孝宗能够首先穷理尽性，而后才可以"应天下之务"，实现尧舜时代的王道。

陈亮和辛弃疾则不然，他们都是务求实学的行动派，恨不能将所思所想都付诸实际。哪怕时人都因循守旧，他们也不会选择苟安，要做出推倒一世、开拓万古的大业。

虽然多年来，辛弃疾、陈亮和朱熹都能够做到尊重彼此的观念，可若真的要坐而论道，甚至入朝出仕、参与国政，只怕终究是"戛戛然若不相入"。更重要的是，就在陈亮邀约的前不久，朱熹向朝廷呈交了一份秘密的奏章，认为朝廷的当务之急乃是"辅翼太子，选任大臣，振举纲维，变化风俗，爱养民力，修明军政"六件事，而面对着陈亮与辛弃疾的鹅湖之会，朱熹自然不愿参与，以免生出龃龉，彼此不快。

于是，淳熙十五年（1188）寒冬的鹅湖相会，终成了辛弃疾和陈亮这两个力主恢复之人的相互安慰。

在收到辛弃疾的《贺新郎》词后，陈亮未免慨然，遂作和词一阕，感叹年岁老矣，人生无用，多少心事无处可说，唯有与辛弃疾"话头多合"。只希望此情长存，待来日功业成就，"九转丹砂牢拾取，管精金，只是寻常铁。龙共虎，应声裂"。

而见到陈亮的这阕和词，辛弃疾心怀更烈，又作词再和：

贺新郎·同甫见和再用韵答之

老大那堪说。似而今、元龙臭味，孟公瓜葛。我病君来高歌饮，惊散楼头飞雪。笑富贵千钧如发。硬语盘空谁来听？记当时、只有西窗月。重进酒，换鸣瑟。

事无两样人心别。问渠侬：神州毕竟，几番离合？汗血盐车无人顾，千里空收骏骨。正目断关河路绝。我最怜君中宵舞，道男儿到死心如铁。看试手，补天裂。

人生已到如此年纪，确实不该有什么可说的。但如今遇到了你这样犹如古时陈元龙、陈孟公一般的豪侠之人，可谓是志趣相投。我虽身染小病，但因为你的到来便可不顾一切，高歌畅饮，惊散了楼头飞雪，多少寒意。可笑那些功名富贵，纵然重如千钧，我等却视之如毫发一样轻。可你我当时的那些高谈阔论、激烈言辞又有谁人来听？只是西窗明月相伴一夜，一次次的斟酒劝饮，换取新的琴瑟清音。

家国的形势当和往昔一样，但立朝之人的心思却都不同了。忍不住想要问上一问，神州大地，究竟还要经历几次分崩离析？用作征战的汗血宝马如今都去拖运盐车，无人顾惜。纵然朝廷学那古人千金买骨，可不能好好任用人才又有什么用。眺望山河，关塞阻绝，不能通行。我是如此敬服你闻鸡起舞的壮志，犹记得你曾经的豪语：男儿至死也不能更改抗金北伐雄心，看你我一朝大显身手，恢复中原，弥补那山河之裂。

尽管辛弃疾所谓的起复只是个闲职，尽管陈亮的进言未能呈进给皇帝，但身处江湖之远的他们，却依然在为家国君王而忧虑，渴望那一度消沉的北伐大计能够被朝廷重新提起。

可是，两个月后，当陈亮再一次以同韵的《贺新郎》词酬和辛弃疾时，两个试手补天裂的男儿，只能"天下适安耕且老，看买犁卖剑平家铁，壮士泪，肺肝裂"。

淳熙十六年（1189）的二月初二，宋孝宗昭告天下，禅位于太子，退居重华宫。就这样，偏安的大宋朝廷刚刚送走了一位"倦勤"二十五年的太上皇赵构，又迎来了一位倦怠政务的寿皇圣帝赵昚，还有一位体弱多病、性格怯懦的新君——宋光宗赵惇。

其实，宋孝宗的禅位并非骤变。自前岁宋高宗驾崩，宋孝宗便以居丧为由，将朝政交由时为太子的赵惇处置。

按照古来之制，嗣君为先帝服丧，当以日代月，三日即可听政，十三天为小祥，二十七天为大祥，便可视作服丧期满。可是，宋孝宗偏偏不肯遵循旧制，要按百姓之礼，服丧整整三年。

显然，那时的宋孝宗已然流露出了禅位之意，故而对许多力主恢复的朝臣的上奏，便都不闻不问了。那些甘于苟安的朝臣们，自然都十分欢喜地接受了这样的局势。但对于辛弃疾、陈亮这些期盼北伐的人来说，宋孝宗最终的放弃，无异于晴天霹雳。

诚然，即便是在大宋朝的历代君主里，宋孝宗都算不得一个杀伐果决的皇帝，但他却一度是偏安的朝廷中，那一点暗夜星光。

宋室南渡后，朝中一直充斥着卑弱求和的风气。想当初，宋高宗十二道金牌追回岳飞，乃至即将收复的山河再度饮恨，使多少中原百姓痛彻肺腑。

但是，绍兴三十二年（1162）宋孝宗继位后，便意气昂扬地发起隆兴北伐，雄心勃勃地想要改变宋高宗时代定下的宋金政治格局。尽管二十多年来，宋孝宗也一直受太上皇的掣肘、主和派的反对，隆兴北伐失败后也不得不与金人再度签订合约，可他从未真的放弃北伐、放弃中原的疆土。他积极地改革朝政，裁汰冗官，整顿吏治，许多国策也都是为了长远发展，以为将来北伐做准备，乃至乾道、淳熙年间，国朝渐渐兴起。

可如今，这些看去繁盛兴旺的模样，仿佛在转瞬之间都化作了泡影。伴随着宋孝宗的禅位、新皇的登基，北伐似乎成了更难企及的梦幻，而辛弃疾的宏远理想，似乎再难实现了。

最高楼

——起复落，难逃名利战争多

　　辛弃疾已然觉得自己是个老衰之人，没必要再汲汲于富贵。富贵功名本是危险的东西，不如效仿那及早抽身的汉时疏生和"不为五斗米折腰"的陶渊明，归隐田园。他已经做好了打算，要修葺个园子，按《庄子·大宗师》之文取名"佚老"。还要再建个亭子，取名"亦好"。到那时，闲来饮酒，醉后赋诗。他明白，千年的田地可能换过八百个主人，一人终究也只有一张嘴吃饭，身外之物多了无用，不如早些归去。

第五章

最高楼

吾拟乞归，犬子以田产未置止我，赋此骂之。

吾衰矣，须富贵何时？富贵是危机。暂忘设醴抽身去，未曾得米弃官归。穆先生，陶县令，是吾师。

待葺个、园儿名佚老。更作个、亭儿名亦好。闲饮酒，醉吟诗。千年田换八百主，一人口插几张匙？便休休，更说甚，是和非！

道成不怕丹梯峻

髓實常教石櫃寒

不戀世間名與貴

長生自得一元丹

[宋] 马远 松寿图

起复落
难逃名利
战争多

却有杜鹃能劝道，不如归

　　赵惇继位登基后，依照惯例，朝廷都会颁发诏书，命内外臣僚上陈时政阙失。但很快，宋光宗便废罢了宋孝宗时增设的补阙、拾遗官职，将原官统统改任他职，分明是昭告臣属：他不希望臣子们没事就挑自己的错处，动不动就上谏。

　　此后，朝中又不可避免地开始了新一轮的官员调动。曾经的东宫僚属们随着太子的登基，纷纷成为朝堂的核心。随后的一两年间，辛弃疾在信州的一些友人，或是因为官职调动，或是因为上京求官，一个接一个地离开了。

御街行·山中问盛复之提干行期

山城甲子冥冥雨，门外青泥路。杜鹃只是等闲啼，莫被他催归去。垂杨不语，行人去后，也会风前絮。

情知梦里寻鹓鹭，玉殿追班处。怕君不饮太愁生，不是苦留君住。白头自笑，年年送客，自唤春江渡。

这当是春天的甲子之日，辛弃疾与时任提点刑狱司干办公事的友人盛庶于山中漫行，问他归期行程是否已经确定。空中飘落着蒙蒙细雨，青泥道路也已经滑湿。枝头上的杜鹃鸟声声啼叫着不如归去，可辛弃疾却不愿听取。望着杨柳依依的风景，想着有人去后，只会留下风中的杨絮。

［宋］佚名 柳溪春色图

辛弃疾知道，盛庶此去乃是因为官职调动，他将要归班朝堂。这是一件幸事，纵然难舍，辛弃疾也不能苦留对方，只是不住地劝饮，好叫彼此免生哀愁。而此时的他已经头发半白，年年送别他人渡江，唯有自己不得离去，在此淹留。

淳熙十六年（1189）这年，辛弃疾四十九岁了。记得新春元日，辛弃疾抛下了一家团圆的喜庆，独自前往博山寺投宿。山僧见他"头白齿牙缺"，更兼一副"坐堆豗，行答飒，立龙钟"之态，不觉大惊，而辛弃疾，也只得自嘲一句"君勿笑衰翁"。

记得六年前送别友人汤邦彦归去时，辛弃疾还曾坚定地说着"看依然舌在齿牙牢，心如铁"。可如今，他却成了一个垂垂老者，仿佛颓然无力了。这或许，是他自己都不曾想到的，却无可奈何。辛弃疾只能安慰自己，生老病死、富贵贤愚都是造化所致，还是看淡为好。

随后不久，朝廷又诏命选取国朝功勋之臣子孙中无官职者，任以为官。于是，跟随辛弃疾游学八年的范开决意前往临安，或能谋得一官半职。临别前，他十分恭敬地嘱咐老师辛弃疾要千万小心，防人诽谤。辛弃疾却颔首一笑，不置可否，填《醉翁操》词一阕，权作赠别慰藉。

辛弃疾真诚地祝愿范开能"一朝兮取封"，从此"食兮万钟"。但同时，也忍不住感慨师徒二人从此

"一鱼兮一龙"。在经过了漫长的等待后，辛弃疾仿佛真的有些颓靡了，他不得不承认自己是一个暮气沉沉的老者，他想要试着放下心头的希望，做个彻头彻尾的山居田舍翁。

大约就是在那段时日里，辛弃疾开始认真考虑自带湖迁居铅山之事。

虽然三年前辛弃疾就看中了铅山鹅湖的风光，也选中了瓢泉之地，但他也只是偶尔小住，并没有迁居的想法。尽管世人都说，大隐隐于市，小隐隐于林，但随着朝堂理想的失望而失落，辛弃疾似乎真的想从热闹的城阙搬进静谧的山林，彻底断绝杂务往来。

这一年，奇师村里的坏桥修缮一新，村老们恳请辛弃疾为之作赋。辛弃疾竟非常认真地考究了奇师村的由来，觉得此地"奇狮""棋师"的旧名都不对。

春秋时期，楚国曾有一位名叫孙叔敖的令尹，颇为贤能，而他乃是古弋阳郡期思人。铅山一带旧时曾属弋阳县，故而辛弃疾认为奇师的名字应来源于此，遂将村名改作期思。

然而，孙叔敖的故乡弋阳期思本在中原，铅山旧时所属弋阳县虽则同名，但一南一北，显然不是同一地区。辛弃疾若是真的做了考证，想必不会不知，可他好像十分笃定，或者说他更愿意将这个即将归隐的村落唤作"期思"。

念奴娇·用东坡赤壁韵

倘来轩冕，问还是、今古人间何物？旧日重城愁万里，风月而今坚壁。药笼功名，酒垆身世，可惜蒙头雪。浩歌一曲，坐中人物三杰。

休叹黄菊凋零，孤标应也，有梅花争发。醉里重揩西望眼，惟有孤鸿明灭。万事从教，浮云来去，枉了冲冠发。故人何在？长庚应伴残月。

大约是在宋光宗绍熙元年（1190）秋日的某一天，身在铅山瓢泉的辛弃疾再一次喝得醉醺醺。身在山林之中的他，不知为何竟想起了苏东坡的"大江东去"，遂用其《念奴娇·赤壁怀古》之韵，也填了一阕词。

辛弃疾大概细数了一下自己旧日曾出任过的官职，这些偶然所得的富贵轩冕，若置于古今时空中，想必也算不得什么了不起的事情。想想当初的那些愁烦，犹如万里城墙，难以排解。如今，却把山间风月当作铜墙铁壁，阻挡了尘俗侵扰。辛弃疾原本也是和唐元行冲、汉司马相如一样的人才，可在漫长的等待中却已白了头。高歌一曲抒心怀，幸好席上还有三两位同契可以陪伴。

不要哀叹秋天的黄菊已经憔悴，纵然是孤标傲世之物，也还有梅花与之争锋。醉眼蒙眬中向着西北遥望，只有云中孤雁时隐时现，令人凄凉。人间万事都如同那空中的浮云飘来荡去，真是枉费了少年时怒发冲冠的豪气。故交老友在何处？恐怕都似夜空里孤独相伴的残月与太白金星。

归居将近十载，辛弃疾虽然一直在用"行藏用舍""归去来兮"安抚着自己的内心，但其真正的精神支柱，仍旧是那一点不灭的报国星火。在他越是看淡的时候，内心里的期盼实则越发强烈。而今，这点星火之光仿佛真的看不到重燃的机会，这便将辛弃疾打入了孤寂绝望之境，眼中所见，只剩孤鸿残月。

这年的十二月间，辛弃疾的好友陈亮与乡人聚会宴饮，村人为示尊重，给陈亮这一桌的肉羹中特意添加了胡椒。谁承想，同座之人竟于次日暴毙，而在听闻这一消息的时候，陈亮便已知道，又一场牢狱之灾将要来临。果不其然，县衙很快就得到了陈亮主使毒杀的诬告，将其送至大理寺中。

这或许是陈亮的运途乖蹇，但却也是他的命运必然。早在陈亮第二次入狱被救时，朱熹就曾致信告诫他处世行事不可太过狂妄。尽管彼时朱熹对案件的来龙去脉并不十分知晓，但熟知陈亮秉性的他，一直认为陈亮平时"自处于法度之外，不乐闻儒生礼法"的言论举动注定会为其招来无尽的祸端。

但是，陈亮始终不肯改变。他就像个"操干戚以舞"的刑天，纵然被黄帝砍去了脑袋，也要与之大战一场。高宗驾崩后，陈亮上书宋孝宗的那封奏议中几乎都是对当朝臣子的抨击和咒骂，认为是他们无能误国，使得许多朝臣对其嫉恨不已。故此，大理寺中的主审官们几乎人人都想借此机会治陈亮死罪。

不幸中的万幸，大理寺少卿郑汝谐在检阅卷宗时发现了案件证词多有矛盾，遂为其仗义执言。而赦免陈亮，恐怕也是宋光宗这位无能皇帝为数不多的正确选择。

陈亮出狱之时已是绍熙三年（1192）的二月早春，宋光宗登基已整整三年。这三年间，宋光宗颁布了许多诏令：暂停三年的经总制钱税收，减免应付军需的月桩钱，减少两广地区的一些官盐专卖岁额等一系列举措，意在薄赋缓刑，减轻百姓的负担。而宋光宗最大的举措，当是试行朱熹所推举的经界法。

早在宋高宗绍兴十二年（1142）时，朝廷便有意实施经界法，清查、核实土地的占有情况。尽管此法于国家、百姓都是"莫大之利"，却是许多猾吏大姓的损失，故而几番推行都为地方官员以"扰民不便"所迁延阻挠，最终不了了之。

即位之初，宋光宗便诏令朱熹出知漳州（今福建漳州），推行经界、蠲免横赋、弹劾奸吏、传播儒教，以期为改革施政奠定基础。当时，朱熹曾进言宋光宗，猾吏为阻挠经界法的推行，必然会生出种种事端，甚至"以盗贼为词恐吓上下"。朱熹担心，许多朝臣会因此而不堪其扰，又不愿深察其情，最终"望风沮怯"。

但宋光宗并没有想得那样长远，他只是催促着朱熹尽快在漳州施行，同时命福建提刑陈公亮协助朱熹在漳州、泉州、汀州同时施行经界法。而结果却如朱熹所预料的那般，漳州三地施行经界法只是刚刚进入前期准备阶段，便遭到了内外朝臣的反对，而怯懦的宋光宗随即下诏罢行。与此同时，早前的许多薄赋缓刑之策也都是有始无终，令而不行，反使得民生更为困苦。而大宋的新君赵惇，好像也不是很在意这些朝政，此时最令他困扰的反倒是内廷。

宋光宗赵惇原是宋孝宗赵昚的第三子，乾道三年（1167），皇太子赵愭病逝，对于储君人选，宋孝宗一

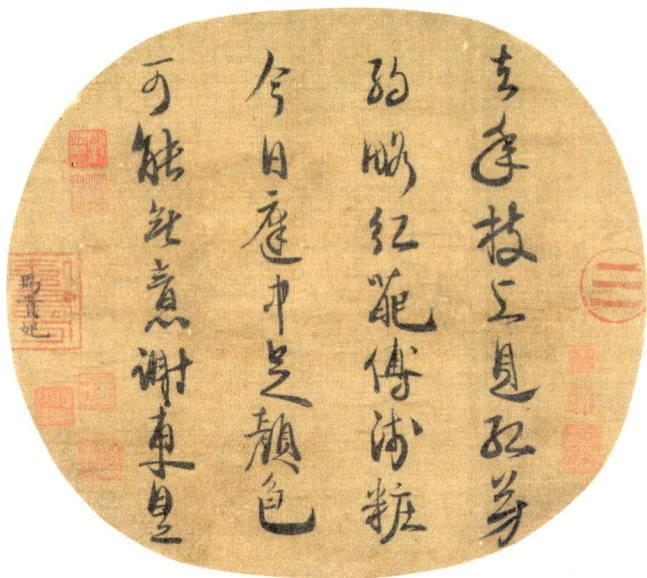

[宋] 宋理宗 书光宗题杨补之红梅图诗

直犹豫不定。论私心，他本是偏向这个颇有些英武气的皇三子的，只是废长立幼总要遭到朝臣们的非议。为此，宋孝宗和朝臣们磨耗了四年，最终在时任右相的虞允文的支持下，议立赵惇为太子。

宋光宗赵惇与皇后李氏虽育有三子，可长子赵挺、幼子赵恪都早年夭折，膝下只有次子赵扩可以承嗣。然而，赵扩不但身体羸弱，天资更显不足。宋孝宗虽然疼爱小儿子赵惇，将皇位传给了他，却不大愿意让赵扩继承皇位。故此，在禅位的前夕，宋孝宗将二皇子赵恺之子赵抦封为嘉国公，并在宋光宗继位后明示其将来要将皇位传给更为聪慧的侄子赵抦。但宋孝宗没有想到的是，这件事竟成了父子离间、朝堂祸起的根源。

事实上，因为父亲宋孝宗过于威严强干，宋光宗在被立为太子后的十年间，内心一直极为压抑。更可怕的是，时为太子妃的李氏生性跋扈骄横，宋光宗完全不能辖制，他看去是个英武男儿，实则孱弱无能。

在得知宋孝宗对于皇位继承人的看法后，宋光宗的心头便蒙上了阴霾。他认为这是太上皇对自己的警告和威胁，开始终日惶恐疑虑。而已经成为皇后的李氏自然也因此格外记恨宋孝宗，时时从中挑拨离间，使得宋光宗变得越发疑神疑鬼。

绍熙二年（1191）十一月二十七日，是宋光宗继位后第一次举行祭天大典的日子。可就在前一天，宋光宗受誓戒后于斋宫致斋时，嫉妒成性的皇后李氏虐杀了宋光宗最宠爱的黄贵妃，并以暴毙之名命人前往斋宫报丧。

接到消息的宋光宗又惊又悲，却又不能回宫问明真相。好容易挨到次日凌晨举行大典，谁知祭坛上忽然狂风骤起，烛火点着了被吹倒的帘幕，而空中则降下冰雹大雨，如此景象几乎慑住了宋光宗的魂魄，他以为自己是遭到了天谴，乃至于"噤不知人，张口呓语"，实则患上了精神疾病。而皇后李氏则趁机散播宋孝宗有心废立的谣言，竟使得宋光宗视生父为仇敌，连每月前往重华宫朝见都不肯去。

就这样，大宋的皇帝变成了疯子，大宋的内廷也陷于一个悍妇之手。

只是，当远在信州几乎已经死心塌地归居乡里的辛弃疾听到这些朝堂风波的时候，同时也接到了朝廷起复的诏命。

浣溪沙·壬子春赴闽宪别瓢泉

细听春山杜宇啼，一声声是送行诗。朝来白鸟背人飞。

对郑子真岩石卧，赴陶元亮菊花期。而今堪诵北山移。

自宋孝宗淳熙八年（1181）的冬天算起，辛弃疾已经在带湖稼轩里等待了整整九个深冬。可就在他几乎要放弃的时候，春天却骤然到来。五十三岁的辛弃疾，趁

[宋] 马远 山径春行图

着绍熙三年（1192）的春风，自铅山瓢泉出发，开始了福建提点刑狱的任期。

　　一路上，他听到的是春山杜鹃的声声啼叫，仿佛都是送行的诗歌。可鸟儿们却背人飞去，又似不忍别离。当初曾决意效仿郑子真耕卧岩石下，学陶渊明雅赋菊花诗。谁承想，如今竟违背了誓言再度出仕，只怕要被人笑作《北山移文》里的周颙，并不是真心归隐山林。

　　这其实算不得辛弃疾的自嘲。行藏用舍、归隐田园本就是一个退路，而今既然前途可奔，辛弃疾怎会轻易放弃？当初，辛弃疾正是从江西提点刑狱开始了四任帅臣、三为运使的青云路程，如何何妨从头做起？而辛弃疾的此番起复，或许得益于新任吏部尚书赵汝愚的推举。

　　若论赵汝愚的家世，其乃是宋太宗赵光义八世孙，正正经经的皇室宗亲。只是爵位代代相传，到了赵汝愚这里，便也没有什么冠冕堂皇的头衔。幸而赵汝愚素有大志，自幼勤学，宋孝宗乾道二年（1166）状元及第，时年不过二十六岁。

　　此后，赵汝愚历任秘书省正字、著作郎，出知信州、台州等地，又入朝为吏部侍郎兼太子右庶子。淳熙年间出任四川制置使兼成都知府时，赵汝愚曾平定当地羌族之乱，被宋孝宗赞为文武全才。宋光宗继位后，便进赵汝愚为敷文阁学士，出知福州，至绍熙二年（1191）九月召回临安，为吏部尚书。

　　往昔之时，赵汝愚便与朱熹、陈亮、辛弃疾等人颇有交情。想必正是其回朝后举荐了辛弃疾为福建提刑，同时还将自己任职福建时十分器重的一位属吏赵希怿推荐给辛弃疾，而赵希怿亦是皇室宗亲，乃太祖赵匡胤九世孙、燕懿王赵德昭之后。

　　得到如此人物的提携帮助，辛弃疾自然对未来充满了希望。赴任途中，他专程拜访了退居建阳考亭（今福建南平建阳区）的朱熹，向其请教为政之道。

　　朱熹因去岁经界法推行未果，长子朱塾又英年早逝，便辞官离朝，迁居建阳，在这里建起"竹林精舍"，好继续传道授业之事。

　　三年前，朱熹婉拒了与辛弃疾、陈亮的鹅湖相会，那是担心因政见不同而言生龃龉。可对于辛弃疾的此番来访，他仍旧十分喜悦。想必二人闲坐竹林之下，或烹茶，或煮酒，追念往事，议论将来。

辛弃疾同朱熹说起陆九渊出知荆门军（今湖北荆门一带），颇有政绩，又问起福建一带民生民情，请教政务。朱熹便还是他那最关键的几句论述："临民以宽，待士以礼，驭吏以严。"

大概连朱熹都没有想到，一向急躁刚烈的辛弃疾这一回竟真的将他的话听了进去。想来，这是辛弃疾十年退隐蛰居中对往昔的反思。

赴任福州后，辛弃疾于折狱定刑上确实比早前宽厚严谨许多。那时节，汀州（今福建龙岩长汀县）有许多疑难案件未曾审结，辛弃疾选派了颇有断案之才的上杭（今福建龙岩上杭县）县令鲍粹然前去审理，理清了诸多悬案、冤案，为百姓们所称颂。但是，履职时只有一件事令辛弃疾不大痛快，那便是福州知府兼福建安抚使林枅似乎对辛弃疾有些偏见，二人总是难以和睦相处。

林枅与朱熹同庚，二人也曾相识。在建阳考亭的竹林精舍时，朱熹还同辛弃疾感慨，称闽地得林枅与辛弃疾两位主官，甚是有幸。还盼望着他们二人能齐心协力，整顿各州州务，乃使财赋源流，得以永久之惠。可谁承想，辛弃疾甫一到任，林枅就给他出了难题。

提点刑狱之职，除却主管一路刑狱、治安事务，更有监察官吏之责。辛弃疾到了福州任所后，必然要前往各郡县按察，可林枅不知为何，却不许他出行。纵然此时的辛弃疾已不是往年的火暴性子，可这种违背准则之事确实叫他不能容忍，故而与林枅屡屡相抗，使得官衙属吏等也难以应对。

彼时，林枅有一幕僚叫刘仲则，他为调和二人矛盾，遂拜访了朱熹之友鞑少禀，托其向朱熹转呈心意，恳请朱熹在辛弃疾那里为自己做个引荐，免使辛弃疾心生疑窦。闻听此情，朱熹颇为忧烦，只觉得以林枅为人不该如此。后因又听说林枅已经患病，便担心他是否已然老迈，故而有些昏聩。可是，朱熹心中也明白，林枅和辛弃疾都是那种固执己见之人，此事虽然林枅有错，却也不能对其横加指责，只能就此作罢。

添字浣溪沙·三山戏作

记得瓢泉快活时，长年耽酒更吟诗。蓦地捉将来断送，老头皮。

绕屋人扶行不得，闲窗学得鹧鸪啼。却有杜鹃能劝道，不如归！

这一日，辛弃疾来到了福州城内的三山之上。登临眺望，沧海在前，如此浩荡之气，却不能抚平他心头的烦闷。

记得在瓢泉时快乐的时光，每日里沉醉于美酒诗书，好不惬意。谁承想会突然被朝廷捉到这里为官，真害怕

[宋] 佚名 沧海涌日图

就此要断送老命。老迈伤怀中让人扶着绕屋行走都觉得困难，闲来无事只能在窗下学那鹧鸪鸟啼。谁承想枝头上还真有杜鹃叫唤，似乎劝说着不如归去。

初到福州的日子里，辛弃疾显然是烦恼的。与林枅的矛盾犹如一盆冷水，当头浇在了他的身上。然而，就像老迈的林枅会犯糊涂，如今的辛弃疾也比往昔更容易发牢骚，他甚至抱怨起朝廷对自己的起复，开始惦记着不如归去。

在辛弃疾的眼里，福州前枕大海，许多盗贼盘踞海上，时常侵扰。而当地百姓又多顽犷，易生叛乱。林枅作为一方帅臣，若不能辖治，当是东南之地的巨大隐患。

不过，这样的境况并没有持续太久。随着林枅于九月间病逝，辛弃疾不但得以放开手脚处理公务，更暂时代替了林枅的位置，再一次成了一方统帅。

在这段时间里，辛弃疾与朱熹书信往来频繁，或是问政，或是议论，"想极款曲"。而对于辛弃疾处事之法的改变，朱熹一直深感欣慰。他一直坚信，像辛弃疾这样的人物，实属难得。只要他改变往日过于急躁的作风，定会有俊伟光明的事业。

只不过，辛弃疾虽然在提刑公务上尽心尽力，可他那刚烈的性格并没有彻底改变，往往因为看上去严肃威整，使得属吏见了他都唯唯诺诺，不敢表态。好在府衙中的赵希怿和陈宧两位僚属颇有胆识，每每遇到存疑之事，必定直言相谏。辛弃疾只要听他们说得有理，便也都一一接受，由此格外器重二人，向朝廷举荐其才。

当然，在福州这一年里，辛弃疾自认识得的最满意的一位人才，当是宁德（今福建宁德）少年陈成父。虽然他无官无职，但其父陈骏乃是朱熹的门生，父子二人安贫守道，专心学问。为此，辛弃疾专门设宴邀请，当着众宾客的面，将长女辛稑许给陈成父为妻。

正当辛弃疾在福建日渐安稳稍有成就时，却陡然收到了朝廷的诏令，命其前往临安。若是早年间，闻此诏令，辛弃疾必定狂喜不已。可如今他却心中忐忑，不知前途究竟是忧是喜。

尽管林枅病逝后，辛弃疾数月间一直代摄帅臣之事，可事实上，朝廷一直没有正式任命其为福建安抚使。辛弃疾不知道，这是朝廷对自己的不信任，故而对担此重任的人选另有打算，还是根本就没有人顾得上安排这件事。这一年来，辛弃疾听到的朝堂消息多半是荒诞不经的。

宋光宗虽然一直对外声称要躬自节俭，实际上却宴饮无时，费用无度。由于皇宫大内的用度早已超支，宋光宗竟然打起了"非奉亲、非军需不支"的左藏封桩库的主意，将原本用于养兵备战的钱粮拨入了内藏。至于朝臣们的谏言，宋光宗是毫不在乎的，况且此时的朝政，也未必都能由他做主。

自从祭天大典闹出祸端后，宋光宗的疯病一直时好时坏。朝臣们顺着他的心意时，他便神志清爽，尚可临朝听政；若是触及他心头的一些忌讳，他便称病不朝。为此，宋光宗甚至连十月间太上皇的寿诞会庆节都未肯出席，冬至的重华宫朝贺也不曾驾临，惹得朝内朝外一片非议。而这时候，朝廷政务皆由皇后李氏代为决定。

可李皇后也根本不在乎那些民生民计该如何施行，每每听政只顾着给娘家人大捞好处。自被册立为皇后后，李家三代都封了王。就在辛弃疾接到诏命的前不久，还听说皇后归谒家庙时再度推恩亲属，二十多人加官晋爵，一百七十余人授为使臣，甚至连一些门客都封了官。

如此朝廷，如此君王，真是叫辛弃疾的心中五味杂陈，也使得他对此番的召见心生疑窦。

水调歌头·壬子三山被召陈端仁给事饮饯席上作

　　长恨复长恨，裁作短歌行。何人为我楚舞，听我楚狂声？余既滋兰九畹，又树蕙之百亩，秋菊更餐英。门外沧浪水，可以濯吾缨。

　　一杯酒，问何似，身后名？人间万事，毫发常重泰山轻。悲莫悲生离别，乐莫乐新相识，儿女古今情。富贵非吾事，归与白鸥盟。

绍熙四年（1193）的新春，刚刚饮过正旦团圆酒的辛弃疾便又坐上了同僚友人们的饯别之筵。谪居故里的给事中陈岘为之送别，歌舞宴饮反勾起了辛弃疾的哀愁。

此时，他的心中似乎充满了怨愤，恨不能写成一首《短歌行》。谁人能作楚国之舞以为安慰，而辛弃疾的楚狂之歌又有谁能倾听？他本已在山林间种下了九畹兰叶，更有百亩蕙草，想着归隐田园，在秋天时以菊花的落英为餐。门外的清溪犹如沧浪之水，正可以洗涤帽缨。

可如今却被官场所围，饮一杯酒，借问这身后功名又有何用？人间万事，常常把毫发看得比泰山还重，乃至黑白颠倒，是非混淆。最悲哀的，莫过于生死离别；最欢喜的，自然是新结知音，这是古今儿女的本性。富贵权势并非词人的初心，他还是盼望着能早些归去，践行当初与湖上白鸥的约定。

　　淳熙八年（1181）初归带湖时，辛弃疾填下了《水调歌头·盟鸥》的词章，要"今日既盟之后，来往莫相猜"。十年之后，福州任上的辛弃疾奉诏入京，竟又吟诵出"富贵非吾事，归与白鸥盟"之句。尽管他的心里从未真的放下过朝廷与功名，但必须承认的是，辛弃疾再度出仕后的心境确实与往昔大不相同，仿佛一遇到伤怀之事，那"不如归"的念头就占据了全部。

　　然而，时到此间，辛弃疾才是真正的欲归归难得。

吾衰矣，须富贵何时

绍熙四年（1193）的正月间，在闽越大地的斜风细雨中，辛弃疾北上赴京，前往临安。尽管是朝廷诏命，可他的行程并不匆忙。

这一日出了福州城，马行不久，便来到了南剑州（今福建南平延平区一带）地界。这里乃是传说中干将、莫邪双剑化龙之所，曾有紫气向着斗牛之间冲霄而起。州城中有剑溪、沙溪一南一北，相向而来，那两溪汇入江之处高耸着一座双溪亭，历来文人雅士过此，都要驻足题咏。

水龙吟·过南剑双溪楼

举头西北浮云，倚天万里须长剑。人言此地，夜深长见，斗牛光焰。我觉山高，潭空水冷，月明星淡。

待燃犀下看，凭栏却怕，风雷怒，鱼龙惨。

　　峡束苍江对起，过危楼，欲飞还敛。元龙老矣！不妨高卧，冰壶凉簟。千古兴亡，百年悲笑，一时登览。问何人又卸，片帆沙岸，系斜阳缆？

　　双溪楼上抬头望，西北浮云蔽日，要劈破这长空万里，当须一把长剑。人们都说，深夜之时，能在这里看见那斗牛星宿间的光芒。可辛弃疾眼中所见，只有潭水清冷，明月之下越显星光惨淡。待要点燃犀牛角去照见那栏杆下的水色，却又怕惹起风雷震怒，鱼龙现出凶残的本相。

　　两岸高山夹着滔滔江水，涌过这高楼之下，飞起无数浪花，回旋激荡。就算有心学那三国时的陈元龙抚弱育孤，可人已老去。当此情境，正该高卧，尽享美酒凉簟之乐。可登高的那一刻，却忍不住想着千古兴亡事、一生悲与欢。那边不知是何人卸下了片帆，在夕阳斜照中系住了船缆。

　　登高望远激发了辛弃疾词中的雄浑厚重，也暴露了他心里的恐惧。作为性情中人，辛弃疾最厌恶的，恐怕就是那些说不清道不明的尔虞我诈。他想做一把利剑去劈开天空里的模糊，去看透水下的阴暗，却也畏惧那不可揣摩的鱼龙之怒。

　　看来，年过半百的辛弃疾确实在老去，他无力阻挡岁月的流逝，也无法阻止朝局的变幻。不过，好在这世上还有值得他留恋和追寻的。

［宋］朱惟德　江亭览胜图

　　离开了南剑州继续北行，辛弃疾来到建阳考亭的竹林精舍时，竟遇到了同来拜访朱熹的陈亮。

　　不知那时节的建阳是否也有着雨雪霏霏的景色，但对于四年前错过了鹅湖之会的三位友人来说，此番相聚，自当别有情愫。推杯换盏间，多了些对彼此的体谅，少了些政见上的争执。

　　辛弃疾同朱熹说起他打算在御前呈进的奏议，那便是恳请宋光宗行经界法与钞盐法，以利民生。于是，朱熹便将自己此前于漳州等地试行经界之情形一一说与辛弃疾听，为其出谋划策，总结教训。

实际上，朱熹于上月间也收到了朝廷的诏令，命其出知静江府兼广南西路经略安抚使。可朱熹不愿出仕，遂向朝廷递交了辞书。然而，正月初六这日，尚书省又传下了圣旨，竟不准朱熹请辞。于是，一番恳谈后，辛弃疾也只得勉励朱熹尽早赴任，盼其来日能有建树。至于陈亮，他倒是最有兴致的那一个，他的锐意昂扬丝毫未改，不但勉励着两个老友，更告知二人，自己已决意再度应考，要"老夫聊发少年狂"。

或许，在与朱熹作别后，辛弃疾便与陈亮一同前往临安。一个朝见天子，一个赴考春闱。

> "苟经界之行，其间条目官府所虑谓将害民者，官不必虑也，吾民自任之。"其言切矣。故曰：经界为上。
>
> ……福建钞法才四月，客人买钞几登递年所卖全额之数。止缘变法之初，四州客钞辄令通行，而汀州最远，汀民未及搬贩，而三州之贩盐已番钞入汀，侵夺其额，汀钞发泄，以致少缓，官吏取以借口，破坏其法。今日之议，正欲行之汀之一州，奈何因噎而废食耶？故曰：钞盐次之。
>
> ——《论经界钞盐札子》

在大内见到宋光宗的那一刻，辛弃疾多多少少松了一口气。眼前的君王虽然略显病态，但看上去精神还算不错。而他此次召见辛弃疾也不为别事，乃是记起辛弃疾往日功勋，又听得他在福建颇有政绩，故此要当面问策。

这确实令辛弃疾喜出望外，而他筹备已久的施政纲领也终于有了上达天听的机会。其一，便是辛弃疾与朱熹一同认定的，若要富民，必须施行经界之法。此前各级官府都担心经界扰民，但辛弃疾知道，那都是猾吏之辈的借口，不足为虑。

其二，一旦经界可行，便要改钞盐法。虽然此前福建行钞盐法未果，究其原因，乃是福建四州中汀州最为偏远，朝廷盐引尚未送至，其他各州先领取的盐引已经先行进入汀州，搅乱了民间交易，而官员懒政，便认为钞盐法不可行。辛弃疾认为，朝廷不能因噎废食，为了一点小小的挫败便推翻全局。

"不以小挫而沮吾大计"，从初归朝廷时写下的《美芹十论》，到今日之《论经界钞盐札子》，看起来，无论处于何种境地，无论承受过多少挫折和失望，辛弃疾始终是那个不肯轻言放弃的热血男儿、中州英豪。而此次君臣相见的过程，显然是格外欢欣的，辛弃疾不但言及福建政务，更大胆地向宋光宗提及了荆襄两地的军务防备。

> 臣窃观自古南北之分，北兵南下，由两淮而绝江，不败则死。由上流而下江，其事必成。故荆襄上流为

东南重地，必然之势也。……六朝之时，资实居扬州，兵甲居上流。由襄阳以南，江州以西，水陆交错，壤地千里，属之荆州皆上流也。故形势不分而兵力全，不事邻敌而国势安。其后，荆襄分而梁以亡，是不可不知也。……陛下胡不自江以北，取襄阳诸郡，合荆南为一路，置一大帅以居之。使壤地相接，形势不分，首尾相应，专任荆襄之责。

——《论荆襄上流为东南重地》

此时，距辛弃疾被劾罢官，远离湖北、湖南各路军务之职已十年有余。可在这十年之中，他从未停止过对朝廷军务的关注与思考。而不同于当初练兵守淮，进取山东以谋划中原的思路，辛弃疾开始从历史兴亡的角度去看待眼前的河山。

他以史为鉴，重新审视了六朝时代南北分立的天下形势。想那时，朝廷虽然驻守在扬州、建康一带，但却把荆襄视作军师重地，一直有重兵把守，故而每每北朝南侵，都足以御敌。直到南梁之时，因侯景之乱乃使襄阳沦入西魏之手，终致亡国。

于是，辛弃疾建议宋光宗将长江以北的襄阳诸郡合为一路，设一将帅统领，专意军事，以保证荆襄形势不分，首尾呼应，纵然敌军南下，也不足为惧。

不过，辛弃疾在这一份《论荆襄上流为东南重地》里提出的核心观点，并不是简简单单的荆襄军务。

臣闻之，天下之势有离合，合必离，离必合，一离一合，岂亦天地消息之运乎？周之离也，周不能合，秦为驱除，汉为合之；汉之离也，汉不能合，魏为驱除，晋故合之；晋之离也，晋不能合，隋为驱除，唐故合之；唐之离也，唐不能合，五季驱除，吾宋合之。然则已离者不必合，岂非盛衰相乘，万物必然之理乎？

厥今夷敌，物伙地大，德不足，力有余。过盛必衰，一失其御，必将豪杰并起，四分五裂，然后有英雄者出，鞭笞天下，号令海内，为之驱除。当此之时，岂非天下方离方合之际乎？以古准今，盛衰相乘，物理变化，圣人处之，岂非栗栗危惧，不敢自暇之时乎？故臣敢以私忧过计之切，愿陛下安居虑危，任贤使能，修车马，备器械，使国家屹然有金汤万里之固，天下幸甚，社稷幸甚！

——《论荆襄上流为东南重地》

纵览千年历史，天下之势实则难逃"合久必分，分久必合"的运数。自周以降，天下大乱，战国纷争，而秦朝一统六国后，方有四百余年大汉王朝。汉室衰微，三国鼎立，魏国虽合并天下，却由西晋统领百余年。此后，五胡乱华，南北分立，直到隋朝收拢江山，然后才有大唐盛世。待唐朝覆灭，又入五代十国之乱世，而两百多年前宋太祖赵匡胤黄袍加身，山河皆入大宋之手。

故此，当前宋金两国之南北分立亦是"天下方离方合之际"，此盛衰变化恐怕难以违逆。所以，辛弃疾希望朝廷能够居安思危，举贤任能，修备军事，以保全自身的金城汤池。而后，只需等待金国由盛转衰，内乱四起，便可趁势再度将南北合之。

想彼时的朝堂之中，无论是那些只想着保全现世安稳的主和派，还是盼着追杀敌寇收复中原的主战派，恐怕没有几个人能有辛弃疾这般宏大的历史观。毋庸置疑，在辛弃疾得出荆襄上流为朝廷东南重地的结论前，他已然参透了一个许多当局者都不曾看透的天运。

实际上，辛弃疾切切恳求朝廷安居虑危，等待再一次合并天下的机会时，已然表露出他对未来真正的忧虑。而这份忧虑，实则在他出知滁州时就有所预见。如今，辛弃疾只是以相对委婉的方式在暗示宋光宗：如果宋廷不能崛起，那么等宋金两国再生祸乱时，必然有真正可以"鞭笞天下，号令海内"的英雄出现，将这分裂已久的山河统一。

可惜，不要说宋光宗，就是朝中的文臣武将，乃至金国之人，恐怕都没有想到，辛弃疾的预言最终成了现实。

殿前见驾后，宋光宗授辛弃疾为掌管库藏商税诸事的太府卿，称赞他是"气愈养则全，明愈晦则光"，似乎也认同了辛弃疾的高瞻远瞩。但是，朝廷根本没有在荆襄军务上有所举措，宋光宗偶然而起的治国兴趣很快就被转移了注意力——三年一度的春闱大考开始了。

这年的廷试题目，乃是宋光宗亲自拟定的，曰"问礼乐刑政之要"。在呈进御览的策论中，一篇文章令宋光宗眼前一亮。

彼时，宋光宗正为"过宫"之事所烦恼，朝中文武无不因其不肯问安太上皇而上书劝谏。不曾想，今日忽有这篇策论，道是太上皇临朝二十八年间，宋光宗一直谨慎恭敬，如今问安视寝之礼，只要"得其机要而见诸施行"便可，不必"一月四朝而以为京邑之美观"。

在宋光宗看来，此文论述乃是他不肯朝见太上皇的最好的辩解，正中下怀。于是，宋光宗将这篇本已定位第三名的策论拔擢为第一，待揭榜之时，那榜首状元之名赫然写着"陈亮"二字。

在得知亲点的状元正是一年前被赦免的那个狂生陈亮时，宋光宗不禁大喜，认为自己果有慧眼，才能识得这天下英才。至于陈亮，他那不顾礼法的狂妄也终于因为宋光宗的精神偏执而得到了意外的回馈。

"治道修明当正宁，皇威震叠到遐方。复仇自是平生志，勿谓儒臣鬓发苍"。陈亮向宋光宗呈上谢恩诗后，他便被授职为签书建康军判官厅公事。作为好友的辛弃疾固然为之高兴，可冷眼看去，心里反而生出更沉重的担忧：这位被朝臣们私下认为疯了的帝王确实有些疯了。

就在朝廷春闱放榜结束后不久，新安郡王、四川宣抚使吴璘之子，执掌四川兵权的定江军节度使兼利州西路安抚使吴挺病逝任上。自绍兴和议以来，各路兵权都已收回朝中，唯有四川蜀地一直由"吴家军"掌控。许多朝臣由此上奏，要趁此权力更迭之时，另选将才代替吴挺之子吴曦，好将蜀兵世系的问题彻底解决。

辛弃疾一向认为边郡守臣、屯戍守将应当久任，他虽然并不赞同朝臣们的建议，但却没料到宋光宗否决朝臣奏议的原因，竟然是他根本不相信吴挺已死。他认为，所有奏报都是在诓骗自己，而这种猜忌、偏执乃至狂躁的病症早已影响了整个朝廷的运转。

时至八月，辛弃疾被加授集英殿修撰，正式出知福州，兼任福建安抚使，自朝归闽。在朝廷颁布的任命诏令中，期望着辛弃疾能够以"逸群之才，早著事功"。而辛弃疾，只能带着那不可弃的宏愿与不可言的忧虑，回到了福州三山。

西江月·三山作

贪数明朝重九，不知过了中秋。人生有得许多愁，惟有黄花如旧。

万象亭中嗽酒，九仙阁上扶头。城鸦唤我醉归休，细雨斜风时候。

从临安回到福州时，已近重阳之日，辛弃疾这才发现早就过了中秋。人生有太多的愁闷，唯有篱边菊花不曾辜负，仍旧开放。登上三山，在那万象亭中痛饮一番，酒醉后又往九仙阁去登高眺望。不远处的城头上传来几声乌鸦的鸣叫，呼唤着远人，在这细雨斜风的时候早些

[宋] 李嵩 溪山水阁图

归去。

令人疑惑的是，此番归来后，辛弃疾似乎牢骚更甚了。尽管前往临安觐见了当今圣上，尽管被朝廷升迁了官位，尽管已经正式成为统御福建一路的帅臣，可辛弃疾全然没有往昔的意气昂扬，只有更强烈的失落与沮丧。至于导致辛弃疾产生这种心境的根本原因，在他十一月间呈交于监察御史曾三复的札子中，吐露无遗。

弃疾求闲得剧，衰病不支。冠盖如云，朝求夕索。
少失其意，风波汹涌，平陆江海。吁，可畏哉！弃疾
至日前，欲先遣孥累西归，单骑留此，即上祠请。

——《与曾无玷札子》

　　自初春朝见天子后迁为太府卿，至八月改任福建安
抚使，辛弃疾实则在京城只停留了短短半年，仿佛这个
太府卿的职务只是他起复之后的一个官职点缀。

　　虽然辛弃疾声称自己是身体病衰，渴望赋闲归隐，
但真正让他难以忍受的，却是朝堂上那些仕宦贵族们的
"朝求夕索"。一旦辛弃疾忤逆了他们的心意，他们便
要掀起种种风浪，实在令人可畏。而回到福州后，辛弃
疾便开始收拾行装，将妻儿老小送归铅山带湖家中，只
一人留居在此，更准备上书请辞，只愿做个疲老不任事
的祠禄官。

　　可以想见，辛弃疾出任太府卿的那半年间，一定遭遇
了许多坎坷风波，只是他不愿再向人细细明说罢了。辛弃
疾不是不想有所作为，而是他已经意识到，无论自己如何
努力，这个朝廷已经不可能如期望中的那样强大起来。

　　这种因忧惧带来的困扰，是辛弃疾无论怎么做都无
法克服的。他只能向内寻求慰藉，以田园归隐作为自己
最后的安慰。但是，在朝廷批准其请辞之前，在他眼前
的福州知州、福建安抚使的任上，辛弃疾还需要将力所
能及之事都做完。

三山岁事得中熟，然亦不敢不为救荒之备。弟才薄力腐，任大责重，未知济否，尚幸警诲。

——《与曾无玷札子》

绍熙四年（1193）的秋收，福州收成还算不错，但辛弃疾仍要早做准备。为此，他设置了备安库，籴米备荒，又存下了五十万缗的钱财，以备不时之需。辛弃疾还打算以这些储备米粮为报酬，招募一些强壮男丁，补入军中，严加训练，如此又可以防备匪盗之祸。

那段时日里，哪怕辛弃疾的内心充满了矛盾，可身体却像个不肯停歇的陀螺，一直在转动。重修经史阁，放官中乐伎脱籍，建福州郡学，辛弃疾仿佛要用最短的时间去完成更多的事情。但是，更多的世事变故却也正向他袭来。

绍熙五年（1194）的春天方至，建康便传来了噩耗，陈亮因"忧患困折，精泽内耗"病逝任上。辛弃疾闻信大恸，想二人自去岁临安别后，"闽浙相望，音问未绝"，岂料转眼之间，已成永别。而追忆往昔"憩鹅湖之清阴，酌瓢泉而共饮"，长歌相答之情谊仍旧历历在目。可纵然涕不能已，公务缠身的辛弃疾却也无法亲往吊唁，只能作祭文一篇以为哀悼。

陈亮只比辛弃疾年少三岁，他的离去不仅让辛弃疾在情感上难以接受，更萌生了对岁月的忧虑。

这一年，辛弃疾已经五十五岁了。初春梅花初绽时，辛弃疾便染上了伤寒之症。请医服药后稍稍缓解，他又因赏花时兴之所起，吃了些腌渍的青梅，惹得牙痛不已。而这几年间，辛弃疾的牙齿早是"已阙两边厢，又豁中间个"。这叫他不得不感叹"刚者不坚牢，柔底难摧挫"，告老归家的心也越发重了。

从这年开始，辛弃疾不断地向身边的人传达着自己辞官归去的心意。但他没想到的是，最先提出反对的竟然是自己的儿子。

归居带湖之初，辛弃疾便将家事都交付给了已成年的长子辛稹和次子辛秬。再度出仕后，虽一度被朝廷授为太府卿，按制可以为两个儿子奏请官职，但辛弃疾似乎无意于此。而今，他又想着干脆辞官不做，两个儿子不得不为这个偌大的家庭多考虑几分。

此时的辛家，除了辛稹、辛秬两个成年男子，其余者可谓是老弱妇孺：长女辛稳才得及笄，三弟辛秠也不过十三四岁，还在苦读诗书，余下弟妹更是幼小。虽然一家人在带湖倒也安居乐业，但若要求个长远，还得多作谋划。为此，当辛稹、辛秬听闻父亲有辞官的打算时，只得婉言相劝，希望辛弃疾再多忍耐一阵，等家里置办了田产，了却了后顾之忧，再行隐退也未为不可。

这一下，给辛弃疾气得不行，提笔填词寄给了两个儿子，将他们好好地数落了一顿。

最高楼

吾拟乞归，犬子以田产未置止我，赋此骂之。

吾衰矣，须富贵何时？富贵是危机。暂忘设醴抽
身去，未曾得米弃官归。穆先生，陶县令，是吾师。

待葺个、园儿名佚老。更作个、亭儿名亦好。闲
饮酒，醉吟诗。千年田换八百主，一人口插几张匙？
便休休，更说甚，是和非！

我已然是个老衰之人，还要汲汲富贵到何时？难
道你们不知道富贵功名本是最危险的东西。不如效仿
那汉时穆生及早抽身，陶渊明也是不为五斗米折腰，
由此挂冠而去，他们两个堪称我师。

我已经做好了打算，要修葺个园子，按《庄子·大
宗师》之文取名"佚老"。还要再建个亭子，取名"亦
好"。到那时，闲来饮酒，醉后赋诗，岂不乐哉。你
们置下了田产又能怎样，千年的田地可能换过八百个
主人，一人终究也只有一张嘴吃饭，要那么多身外之
物有何用？罢了罢了，这些是非都不要再提，我如今
就是想早些归去。

如此看来，辛弃疾辞官的决定是不可更改的了，他
似乎也坚信，递交给朝廷的辞呈一定会得到批准。反正，
那个遥远的朝堂之上本没有几个人是全然认同辛弃疾的。
也许，在回到福州的这大半年光景里，辛弃疾已经从各
种消息中预测到了朝中即将发生的危机，他只不过是想
在暴风雨来临前，及早退步抽身而已。

　　绍熙五年（1194）的元旦朝贺，大宋皇帝赵惇终于出现在朝堂上，这是宋光宗继位后第一次举行元日大朝会。这一天，宋光宗还出人意料地去了重华宫，向太上皇、宋孝宗赵昚行庆寿礼，帝王一家终于有些其乐融融的意味，朝臣们也都欢欣鼓舞起来。

　　谁知，未出数日，太上皇便病倒了，随即就引发了宋光宗那猜忌狐疑的精神问题，这个神神叨叨的皇帝又开始怀疑一切都是太上皇想要控制他，逼他过宫问安的

[宋] 刘松年 瑶台献寿图

计谋。于是，宋光宗再度拒绝前往重华宫探视宋孝宗，甚至在春游玉津园时也没有按照规制恭请太上皇同游。

这令病中的宋孝宗十分伤心。想当初，宋孝宗本是宋高宗赵构的养子，宋高宗退居德寿宫时，宋孝宗奉行孝道极为笃诚。为了不使宋高宗疑心，他甚至迟迟不肯立自己的儿子为太子。而今，宋孝宗与宋光宗乃是嫡亲骨血，可做儿子的却把生父当成了冤家。

为此，宋孝宗开始拒绝医治，病情随之急转直下。不出旬月，朝中关于太上皇病逝垂危、药石无效的消息越传越烈。到这时，不仅仅是朝臣们纷纷奏请宋光宗过宫问安，甚至连太学中的学子们都写了一篇《拟行乐表》的文章，公开讽刺宋光宗无德不孝的行径。

至于宋光宗，虽然每每被臣子们逼得无路可退，勉强答应过宫问安，但事后必然翻悔，乃至于臣子们都深觉被其愚弄，已然不能忍受这个疯子皇帝。

五月仲夏时，终于有人提出让宋光宗的独子、嘉王赵扩过宫拜见太上皇。尽管赵扩并不是一个睿智英武的皇室男儿，但作为曾经不被祖父看好的继承者，赵扩深知这是一个修补祖孙情感的绝佳机会。于是，赵扩不顾一些僚属的反对，直接越过宋光宗，前往重华宫拜见了宋孝宗，给垂危的太上皇带去了仅有的安慰。

与此同时，朝廷上下，臣子百姓们也越发的愤怒惶恐。许多人认定，一旦太上皇驾崩，朝中必起祸乱。富户人家开始收藏转移金银财物，寻常百姓也都纷纷向城外迁居，以免动乱骤起，无从应对。而左丞相留正、同知枢密院事的赵汝愚等朝中的宰执们，也不得不为大宋朝廷的未来而考虑退路了。

六月初九的凌晨，刚过五更，重华宫传出了太上皇赵昚驾崩的消息。可是，即便被朝臣们扯断了衣裾，宋光宗都不愿前往重华宫听取太上皇遗诰，如此一来，连大行皇帝的丧礼都无法正常举行。

朝臣们几经商量权衡，最终恳请宋高宗的皇后、当今的太皇太后吴氏代行了奠礼，而宋光宗依然躲在自己的宫殿中，饮食起居一如平日，浑然没有替生父服丧之意，因为疯病发作的他根本就不相信太上皇是真的驾崩了。

到了七月初三，已是宋孝宗大祥之日，可这二十七天里，宋光宗从未出现在太上皇的灵前。朝廷已经收到金国派遣告哀使节的消息，若届时宋光宗仍旧躲避不出，不但要见辱于来使，更会示乱于敌国。

在此之前，留正和赵汝愚等人曾商议，奏请宋光宗立嘉王赵扩为太子，由东宫权监国事。对此奏议，宋光宗一时同意了一时又反悔，喜怒无常的态度让早已过花甲之年的左丞相留正心生惶恐，年迈的他竟选择了临阵脱逃。于是，扭转朝廷危局的重任落在了同知枢密院事、宋太宗八世孙赵汝愚的身上，而赵汝愚找到了时任汝州防御使、知阁门事的韩侂胄。

作为魏郡王韩琦之曾孙，宋神宗第三女唐国长公主之孙、当今太皇太后吴氏之外甥，无论是朝中势力还是内戚关系，韩侂胄都有着得天独厚的优势，而他的侄曾孙女韩氏，正是嘉王赵扩的夫人。故此，即便是作为皇室宗亲，赵汝愚也只能通过韩侂胄去说动太皇太后吴氏颁布谕旨，命宋光宗内禅。

宋光宗绍熙五年（1194）七月初五，太皇太后吴氏以皇帝因病未能执丧为由，命嘉王赵扩于重华宫太上皇梓宫素幄前即皇帝位，是为宋宁宗。而此时，已经成为新一任太上皇的宋光宗赵惇却还蒙在鼓里。

至于远在福州的辛弃疾，在听闻皇帝内禅新君登基这一消息后不久，也收到了朝廷罢免其福建帅任，主管建宁府武夷山冲佑观的诏令。

众鸟欣有托，吾亦爱吾庐

自绍兴三十二年（1162）归朝至今，辛弃疾亲历了四代君王、三禅皇位的更迭大事。于其而言，这跌宕起伏的三十二年光阴，已足够漫长。

绍熙五年（1194）七月二十九日，宋宁宗继位尚不足一月，便有右正言黄艾弹劾辛弃疾残酷贪饕，奸藏狼藉。于是，原本还在等待朝廷恩准其辞官的辛弃疾，就这样再度成了闲散之人，无官一身轻了。

柳梢青·三山归途代白鸥见嘲

白鸟相迎，相怜相笑，满面尘埃。华发苍颜，去时曾劝，闻早归来。

而今岂是高怀。为千里、莼羹计哉。好把移文，从今日日，读取千回。

重归带湖的路途中，辛弃疾自然要想起两年前的春初时节。曾经背人而飞的白鸟转来迎接，笑问这个满面尘埃、白发苍苍的老翁，是否还记得当初离开时所填的那一阕《浣溪沙》，以及那声声劝人归的杜鹃啼鸣。

辛弃疾只得慨然一叹，此番归来真不是因为自己情怀高尚，像晋时张季鹰那样惦记着莼菜鲈鱼之美。其中情由已不必多说，反正从此以后，倒真的可以把《北山移文》日日诵读千遍，好好反省这回的教训。

当初离开时，辛弃疾就已经开始自嘲归隐之心不够坚定。他原想着可以急流勇退，没想到还是难逃宦海风波，竟又落了个被弹劾罢官的笑话。

说起来，此番被劾是既在辛弃疾的预料之中，又在其意料之外。说在预料之中，是因为去岁升迁太府卿时，辛弃疾就已经得罪了一些朝廷官员，自知有人时时记恨，必要伺机毁谤。至于意料之外，那是因为辛弃疾没想到弹劾会来得这样快，毕竟自己在朝中还有一个颇具实力的靠山——赵汝愚。

宋宁宗继位后，便以赵汝愚兼参知政事，又特进为右丞相、枢密使，总领朝政。赵汝愚生性疏坦，颇重气节，不愿独揽朝政，于是恳请留正还朝，一同辅佐新君。若按常情，同赵汝愚交好的辛弃疾此时不得升迁也就罢了，还遭此罢黜，其中波折，耐人寻味。

十三年前，辛弃疾被弹劾的罪名是"奸贪凶暴""用钱如泥沙，杀人如草芥"；如今的罪名则又是"残酷贪饕，奸藏狼藉"。辛弃疾确实有一点不太明白，为什么那些言官弹劾总想给他扣上一项残暴的帽子，仿佛他真是个不折不扣的奸臣贪官，一个十恶不赦的杀人狂魔。不过，想想当初陈亮就因为得罪了朝中之人，屡遭诬陷入狱，辛弃疾这点弹劾罢官的波折也就算不得什么了。况且，在如此境况之下，辛弃疾仍能留有集英殿修撰的贴职和祠禄官的虚名，恐怕正是得益于赵汝愚的从中周旋。

沁园春·再到期思卜筑

　　一水西来，千丈晴虹，十里翠屏。喜草堂经岁，重来杜老，斜川好景，不负渊明。老鹤高飞，一枝投宿，长笑蜗牛戴屋行。平章了，待十分佳处，著个茅亭。

　　青山意气峥嵘，似为我归来妩媚生。解频教花鸟，前歌后舞，更催云水，暮送朝迎。酒圣诗豪，可能无势，我乃而今驾驭卿。清溪上，被山灵却笑，白发归耕。

对于罢归之后的生活，辛弃疾是早有打算的。此前还因为田产未置等事将儿子数落一通的他终于下定决心，在铅山瓢泉营建家宅，置办产业，迁居至此，真真正正地开始"一箪食，一瓢饮，不改其乐"的田园生活。

　　瓢泉这地方，一条山溪自西而来，宛如晴空中映射出的千丈长虹，四围青山更似苍翠屏障。只要想想，不出几年便可建起宅院，效仿杜甫二度归居草堂，真是叫人心生欢喜。山川斜倚，风景正好，总算是不辜

[宋]夏圭（传） 溪山清远图（局部）

负了陶渊明那般归去来兮之情。老鹤高飞，但有一枝便可栖息，更可笑那些负重的蜗牛，一生背着房屋四处爬行。官场平章都已了却，就等找个景致佳处，修葺个小小茅亭。

眼前青山高峻磅礴，却因为我的归来，仿佛多了些妩媚之态。花朵摇曳，鸟儿啼鸣，似乎也在歌舞欢欣。更有天地山川之云水，朝迎暮送，陪伴不离。纵然没有了富贵权势，却还是个酒圣诗豪，亦可统帅这自然美景。立于清溪之上，被山神看见这副落拓模样，山神只笑我是个白发归耕之人。

此时的辛弃疾，既怀揣着归耕的喜悦，又带着些无奈的自嘲，复杂的心境里，对朝堂多多少少还有些牵挂。虽然他已离开，可好友赵汝愚和朱熹仍在那里。

说起赵汝愚出任右相后提携的第一人，正是朱熹。

这年夏初之时，湖南瑶民起义，震动朝野。朱熹临危受命，出知潭州兼任荆湖南路安抚。而当他抵达潭州时，瑶民已被湖北帅臣王蔺所败，残匪困于深山溪洞中。

朱熹本是文人品格，一向主张招抚怀柔之策，虽然遭到了王蔺的反对，但他仍旧恳请朝廷赦免起义首领，毋失大信于瑶民。随后，朱熹在湖南广施教化，敦风厉俗，更重整岳麓书院，设堂讲学。

为此，赵汝愚特意改任朱熹为焕章阁待制兼侍讲，希望他能教导宋宁宗为君治国之策。而这，恰恰就是朱熹心中所渴望的匡扶社稷的正道。那时候，许多文人士子都以为，朝中有赵汝愚为百官首领，有朱熹为文士象征，便可以众贤云集，有治世之兆。

绍熙五年（1194）九月间，朱熹来至临安，入见宋宁宗时，除却奏禀了潭州的善后事宜，更谏言宋宁宗要正心诚意、读经穷理。至十月十四日，朱熹奉诏，经筵进讲《大学》，以平日之论述敷陈开析，以期开益帝德，同时也警醒宋宁宗不可为左右外戚窃其权柄，乃至生乱。

朱熹的谏言自然是有所指的。自从拥立宋宁宗后，韩侂胄自认有翼戴之功，希望借此博得节度使之职。但

〔宋〕夏圭（传）　溪山清远图（局部）

赵汝愚以"外戚不可言功"为由，只将韩侂胄官升一阶，授为宜州观察使。韩侂胄为此心中忌恨，遂利用外戚之便，获得宋宁宗宠信，开始居中用事，暗中与赵汝愚争权。朱熹见此心中忧惧，他曾明告赵汝愚，可以厚赏韩侂胄，但不可使其干预朝政。怎奈赵汝愚不以为虑，乃至渐渐势孤。

实际上，就在朱熹入朝后不久，辛弃疾再度遭到弹劾，以"结交时相，敢为贪酷"之名被降为秘阁修撰。而弹劾辛弃疾者，正是韩侂胄之党羽，御史中丞谢深甫。

这显然是一个征兆，不仅仅是韩侂胄已着手排挤赵汝愚，更暗示着宋宁宗也对右丞相赵汝愚有了些不满。

果然，未出两月，朱熹被罢去了侍讲之职。尽管赵汝愚再三劝谏，宋宁宗始终未改诏命，而此时距朱熹入朝仅有四十六天。待到十二月间，谢深甫又弹劾了中书舍人陈傅良，其罪名恰是"庇护辛弃疾，依托朱熹"。

鹧鸪天·睡起即事

　　水荇参差动绿波，一池蛇影噤群蛙。因风野鹤饥犹舞，积雨山栀病不花。

　　名利处，战争多。门前蛮角日干戈。不知更有槐安国，梦觉南柯日未斜。

　　当赵汝愚和朱熹等人在朝中经受摧折时，家居上饶带湖的辛弃疾只能一面筹划迁居铅山诸事，一面慨叹友人们的不幸，心情亦是"放霎时阴，霎时雨，霎时晴"。

　　这一日，辛弃疾午睡方醒，但见眼前带湖满池的浮萍水荇，风吹湖面，皱起波纹，仿佛条条蛇影，吓得那蛙群都不再鸣叫。风中的野鹤纵然饥寒也要自在飞舞，被淫雨浇淋的栀子花却再也不能开放。这世上，但凡有名利之处，就一定有争战。哪怕是小小的蜗牛角上，也会有伏尸数万的干戈。纵然身入槐安国中，封王拜相，荣宠至极，醒来时都是南柯一梦，日头尚未西落。

宋宁宗庆元元年（1195）二月，韩侂胄的党羽，右正言李沐、御史中丞谢深甫"以同姓居相位，将不利于社稷"为名，接连上疏弹劾，终致赵汝愚被罢去相位。至七月，又罢其官观。彼时，国子祭酒李详、博士杨简、太府丞吕祖俭等人纷纷奏请挽留，却皆遭贬斥。韩侂胄更由此弹劾赵汝愚"倡引伪徒，图为不轨"之罪，将其贬为宁远军节度副使，流放永州（今湖南永州零陵区）。

赵汝愚因知韩侂胄一心想杀掉自己，遂临行前安慰送行之人，道是"我死，君等方可无事"，便这样慨然潇洒地一去不回了。至于千里之外的辛弃疾，满腔忧愤，无处宣泄，唯有借一阕《水龙吟》词高声呐喊："虎豹甘人，渴而饮汝，宁猿猱些。大而流江海，覆舟如芥，君无助、狂涛些。路险兮山高些，愧予独处无聊些。"

尽管宋宁宗在颁布改元庆元的诏令里表示，要"亲君子，远小人"，再现大宋朝庆历、元祐时的繁盛景象，但从最初时处理政务完全依赖赵汝愚，到轻易被韩侂胄蒙蔽视听，可以想见，这个二十六岁的青年帝王只是个空有朝气却浑无主见的君主。

庆历二年（1196）的正月间，赵汝愚病倒于流放永州的路途中，困居衡州（今湖南衡阳县）。时任衡州守臣的钱鍪在韩侂胄的指使下，对其百般羞辱，终致赵汝愚暴毙。但许多赵汝愚的追随者都认定，赵汝愚乃是遭奸人逼迫，服药而卒。

赵汝愚至死也不会想到，他的离世并没有结束这场权力的斗争。恰恰相反，一场关乎宋朝所有文人士大夫的命运浩劫，才刚刚开始。

事实上，去岁初冬朱熹被罢侍讲时，韩侂胄打击道学的企图已露端倪。自宋仁宗时周敦颐设坛传道、开创理学，至宋哲宗元祐年间程颐、程颢二人之传承再创，到如今之朱熹，理学之道已然成为无数文人士子治学立身的根本。

尽管程朱理学深受文人推崇，但其中大多是恪守道德、喜好清议之人。对于当时的朝廷而言，他们并不是最合适的臣子人选。宋孝宗在位时就不甚喜欢朱熹、陆九渊等人的清谈议论，这也是他们屡不得志的原因。至于那些当朝执政的官员，往往更看中功名实利，故此对道学之人也容易生出抑制打击之心。

宋孝宗淳熙九年（1182）后，因知枢密院事周必大的庇护，朱熹等道学派人士得以受重用。而今，赵汝愚与韩侂胄之间的矛盾，则让韩侂胄找到了一个排斥异己、打击道学诸流的绝佳机会。

不知道这是不是上天同辛弃疾开的一个玩笑，又或者真的是命运使然。最初，当辛弃疾一心想着北伐，是个急躁的实干派时，他的从政观念一直不被周必大、朱熹这样的道学人士所认可，由此导致了淳熙末年时，丞相王淮几次提议起复辛弃疾而未果。如今，辛弃疾倒是变得有些宽和，渐渐同朱熹等人理念相近，却又被列入道学一党，成了韩侂胄等人的抨击对象。

就在韩侂胄等人议罢赵汝愚之时，御史中丞何澹上疏宋宁宗，称朱熹等人"专门之学，流而为伪，空虚短拙，文诈沽名"。其后不久，已然去职归家的辛弃疾也成了何澹弹劾的对象，称其"酷虐裒敛，掩帑藏为私家之物，席卷福州，为之一空"，辛弃疾秘阁修撰的贴职也最终被罢去。

不过，彼时的辛弃疾想来也不会在乎这些蝇利蜗名了。风鬓霜鬓的他如今最害怕的，当是至亲至爱的离去。

庆历二年（1196）的冬春交替之际，辛弃疾的夫人范氏旧病复发，终究医药无效，撒手人寰。

想范氏自从嫁与辛弃疾，二人相濡以沫，共历荣辱，闺中更有诗书闲逸之乐，二十年间不曾分离。数年前范氏染疾病重，请医来治时，正巧家中银钱不甚凑手。当时侍疾的婢女乃是辛弃疾十分喜爱的整整，为表诚意，辛弃疾只得允诺医者，若老妻病安，便以整整相赠，一时传遍坊间，被好事者称作佳话。

而今，老妻下世，辛弃疾也是须白人衰，那些闲情取乐的心思早都散尽了，只余下"粉面都成醉梦，霜髯能几春秋。来时诵我伴牢愁，一见尊前似旧"的伤怀。为此，辛弃疾终于决定将跟随自己多年的侍女阿钱、情情、田田等人遣散，他要清清静静地回归山林。

水调歌头

将迁新居不成，有感，戏作。时以病止酒，且遣
去歌者，末章及之。

我亦卜居者，岁晚望三间。昂昂千里，泛泛不作
水中凫。好在书携一束，莫问家徒四壁，往日置锥无。
借车载家具，家具少于车。

舞乌有，歌亡是，饮子虚。二三子者爱我，此外
故人疏。幽事欲论谁共，白鹤飞来似可，忽去复何如。
众鸟欣有托，吾亦爱吾庐。

罢官归居已一年有余，两个儿子在铅山瓢泉修建的
房舍也将落成，辛弃疾只想着赶快迁居到那里去，好把
这些俗尘里的伤心事远远抛开。可偏偏在此时又传来了
赵汝愚客死异乡的噩耗，这叫重情尚义的辛弃疾无论如
何也无法释怀，年已衰老的他遂也病倒，更不得不为此
戒酒，而迁居计划只得暂且搁下。

此时的辛弃疾将自己比作三间大夫屈原，宁可在
山间卜居，做一匹自由昂然的千里马，也不要学那水
中的凫鸟，随波逐流。纵然是家徒四壁，却还有满屋
诗书，总比往日连个置锥之地都没有的好。借了些车
辆来运载家具，却发现那家具比车辆还少些，终究都
是书。

家中的歌姬舞姬都已经遣散了，连酒也不能再饮。
只有三两个知己老友还在关切着词人，其余那些故人都

渐渐音信全无。心中的隐忧之情又能同谁诉说，恐怕只有那飞来的白鹤可以一叙，但它却又转而飞去。好在，山林之间，这些鸟儿都有栖息之所，而词人亦爱自己的茅庐新居，就在那瓢泉之侧。

即便是真的归隐山林，辛弃疾的心境也不能真的平静。仕途的失意，亲友的离去，生平的挫折，都藏在了字里行间。只有那一点点对未来山居生活的期待，成了词人仅有的慰藉。

[宋] 李唐 松湖钓隐图

春夏之际，辛弃疾又得家书，妻兄范如山于五月初七离世。其后不久，一场大火将辛弃疾的带湖居所焚毁殆尽，"青径款竹扉，锦路行海棠"的稼轩从此化为乌有。尽管病体难支，辛弃疾也不得不领着儿女们迁往瓢泉去了。随车而行的，还有妻子范氏的棺椁。

自从决意终老于铅山瓢泉后，辛弃疾便开始在这里勘选归葬之处。瓢泉以西的阳原山，有两山夹一水之形，正合堪舆所言崩洪之地，于是，辛弃疾在此筑坟安葬了范氏，只待自己百年之后再相伴而眠。

等家中诸事都料理完毕，朝中又传来一道诏命，因言官再度弹劾，辛弃疾被罢去了最后的宫观虚职，成了彻头彻尾的平民百姓。当然，这些都是辛弃疾眼里的浮云尘土了。

蓦山溪

赵昌父赋一丘一壑，格律高古，因效其体。

饭蔬饮水，客莫嘲吾拙。高处看浮云，一丘壑、中间甚乐。功名妙手，壮也不如人，今老矣，尚何堪，堪钓前溪乐。

病来止酒，辜负鸱鹨杓。岁晚念平生，待都与、邻翁细说。人间万事，先觉者贤乎。深雪里，一枝开，春事梅先觉。

转眼已入深冬，故友赵蕃来信询问新居是否安顿妥当，辛弃疾遂作诗回复，道是"四面溪山画不如"。瓢泉之居，背负瓜山，紫溪环流，是辛弃疾对归园田居的全部想象。为此，赵昌父以一丘一壑为题，作词相贺，而辛弃疾见信兴起，便又唱和相酬。

此时此地，辛弃疾仿佛已是了无牵挂。他过起了粗茶淡饭的生活，并不在乎旁人笑他愚拙。在那高处看浮云流动，山水丘壑之间自得其乐。想这一生求取功名，壮年时尚不如人，更何况如今老迈，倒不如溪前垂钓，图个安乐。

年前因病戒酒，真是辜负了家里酱酒的鸬鹚杓。在这暮年回忆生平往事，也都只能同邻家老翁一一细说。都说人间万事，唯有先知先觉者才可算得大贤。看来唯有这冬日雪深时枝头初绽的梅花，才是春日真正先觉者。

对于心怀壮志又懂得时时自我劝慰的辛弃疾来说，无论是仕途坎坷的失意，还是归隐田园的惬意，都是其日常情绪的一种。诚然，辛弃疾是个领兵的帅才，料理政务上也颇有能力，但对于权谋斗争，他却是个不折不扣的后知后觉者。

辛弃疾自然是渴望功名的，但他想要的功名乃是真真正正的治国功业，是可以标榜青史的伟绩。可现实中朝廷对功名的界定，往往包含着复杂的政治诉求、思想斗争乃至个人私欲，以至于有宋一朝，党争不断。

建炎南渡前的六十年里，自宋神宗熙宁年间王安石实施变法新政，至宋哲宗继位后的"元祐更化""元祐党禁"，朝廷因为新旧党争而政令不通，臣民百姓无所适从。

南渡之后，宋高宗曾一度矫枉过正，在追赠元祐党人及其子弟的过程中，将程颐、程颢等人拔擢过高，招致部分朝臣的反对，为今日之"庆元党禁"埋下了祸根。彼时的朝中，许多臣子有意无意地都要去站队，而怀着一颗赤子之心的辛弃疾对此却仿佛茫然无知。

辛弃疾与人交往，全凭一颗坦荡真心。他并不会因朝堂斗争而生出什么亲疏远近的分别，这在早前对待叶衡、汤邦彦的态度上便可看出一二。辛弃疾与赵汝愚、朱熹的结交往来，全然是因为敬重对方的品格为人。而对于朱熹的道学观点，他则是取其之长，补己之短，全看是否利于家国百姓。

但是，面对着波涛汹涌的宦海波涛，辛弃疾的这点赤诚反让他陷入了尴尬的困境，终究未能免除祸患。

在韩侂胄着手打压赵汝愚、朱熹道学党人的同时，其党羽也在不断上疏宋宁宗，恳请宋宁宗效法宋孝宗时道学之争，"考核真伪，以辨邪正"。他们将与韩侂胄意见相左者归为道学之人，却又斥程朱以来的理学为"伪学"，要禁毁这些理学家的作品。

而在这一次对朝中文人士大夫的真伪考核中，赵汝愚与朱熹门下之人几乎被一网打尽。赵汝愚被贬死于道中，朱熹被罢官，甚至连当年的科考都不准涉及义理，《论语》《孟子》《中庸》《大学》竟都成了伪学禁书。

此后，韩侂胄加授开府仪同三司，权倾朝野。许多朝臣为了讨好迎合，纷纷开始抨击理学，而由韩侂胄一手提拔的监察御史沈继祖在弹劾朱熹时更列举其不忠、不孝、不仁、不义、不恭、不廉等十大罪状，捏造出朱熹"诱引尼姑，以为宠妾"的故事，将其定为妖邪。

庆元二年（1196）的十二月间，朱熹被彻底罢去了官观诸职，而朝廷中的伪学之禁仍愈演愈烈。至庆元三年（1197）时，韩侂胄下令伪学之徒不得担任在京差遣，并清查各科进士和太学生中是否有伪党。待到六月间，伪党之名竟换作了逆党，随后便有人奏请宋宁宗，要学孔子诛少正卯，"斩朱熹，绝伪学"。

虽说是"六十耳顺，七十随心所欲不逾矩"，可古往今来并没有几个人能够做到。纵然朱熹心志再坚，年近七十的他也无法对抗这样的朝局。自被罢离朝后，朱熹回到了建阳考亭，将那里的龙舌洲改名沧洲，将竹林精舍改作沧洲精舍，自号沧洲病叟，打算"永弃人间事，吾道付沧洲"。而与之隔着青山三两重的铅山瓢泉里，同样被视作伪党的辛弃疾，则开始努力将这些无谓的名利之争看破。

行香子

归去来兮，行乐休迟，命由天、富贵何时。百年光景，七十者稀。奈一番愁，一番病，一番衰。

名利奔驰，宠辱惊疑，旧家时都有些儿。而今老矣，
识破关机。算不如闲，不如醉，不如痴。

归去来兮，事到如今，不如及时行乐，以免后悔太
迟。命运皆由天定，汲汲富贵能到何时？人生不满百，
七十之年自是古稀，更何况还要忍耐这种种愁烦、病痛
与衰老。

这半生为了名利奔波劳碌，为着一时宠辱而惊疑，
这些情绪都是难免的。如今老去，也看破了其中的机关
陷阱，不如趁早求闲，换个醉梦与顽痴。

在瓢泉山居的日子里，辛弃疾不但将颜回和陶渊明
依旧作为归隐田园的精神楷模，更开始用老庄的思想排
解心中对朝局的忧惧和怀疑，偶尔甚至会麻醉自我，以
为能"醉者乘车坠不伤"。

那些日子里，与辛弃疾往来之人除却铅山县尉吴绍
古、县丞陈拟等少数地方官员外，更多的是隐居山野的
文人名士。如"饮酒赋诗，自适其适，不知有王公之贵"
的傅为栋，"纶巾羽扇颠倒，又似竹林狂"的叶仲洽，"尊
酒从容，浩歌长吟"的赵蕃，"隐居溪上宅，清酌涧中泉"
的韩淲。

比之当初归居鹅湖时仍时时难忘朝堂的心态，此时
的辛弃疾，开始想要远离"蜂儿辛苦多官府"的朝局，
学一个"蝴蝶花间自在飞"。可是辛弃疾忘了，他本是
一只自天际飞来的鸿鹄。

破阵子

——廉颇老，挑灯看剑志未哀

　　写这阕词时，四十四岁的辛弃疾已罢官归居，在带湖稼轩里徜徉。好友陈亮慨叹功名未得，辛弃疾写下此词寄之，以作安抚。对于那时的辛弃疾和陈亮而言，只能在醉酒时挑灯看剑，于睡梦中幻想号角声声的军营。想那秋日沙场阅兵，分享酒食，军乐雄壮。战马如的卢马一样跑得飞快，弓箭离弦的声音如霹雳一般。待上阵杀敌，了却君王收复山河的天下大事，便可赢得生前身后之美名。可惜事业未成，白发已生。

第六章

破阵子·为陈同甫赋壮词以寄之

醉里挑灯看剑，梦回吹角连营。

八百里分麾下炙，五十弦翻塞外

声。沙场秋点兵。

马作的卢飞快，弓如霹雳弦惊。

了却君王天下事，赢得生前身后

名。可怜白发生。

〔宋〕杨柳 暮归图

知我者，二三子

　　不知不觉已是庆元三年（1197）的岁末，有绵州（今
四川绵阳）知府王沇奏请，效仿宋徽宗崇宁年间的"元
祐党人碑"，整理伪学逆党名籍，将庆元以来受伪学
诸党举荐升迁之人籍记姓名，授任那些无足轻重的闲
慢之职。

　　很快，这份伪学逆党名籍就拟定了出来，其上共有
五十九人，宰执乃赵汝愚、留正、王蔺、周必大四人；
待制则是朱熹、彭龟年、陈傅良等十三人；余官有刘光祖、
吕祖俭、叶适、杨简三十一人；另有武臣、士人八九人。
但出人意料的是，辛弃疾的名字并不在名单之上。

　　这份逆党名籍所记之人都是直接反对过韩侂胄的，
其中绝大多数都早已被罢官、远斥，并没有额外的罪名

罗织。此举虽来势汹汹，却也是强弩末矢，三年的"庆元党禁"已入尾声，而这一份名籍也给辛弃疾的罢官生涯带来了一丝转机。

鹧鸪天·戊午拜复职奉祠之命

老退何曾说著官，今朝放罪上恩宽。便支香火真祠俸，更缀文书旧殿班。

扶病脚，洗衰颜，快从老病借衣冠。此身忘世浑容易，使世相忘却自难。

伪学逆党名籍议定后不久的庆元四年（1198）初，朝廷恢复了辛弃疾集英殿修撰之职，仍旧让其主管建宁府冲佑观。得知消息的辛弃疾有些意外，原以为罢官退居之后再难起复出仕，没想到一朝皇恩浩荡，竟然又赐予奉祠之命，更复任贴职，得以重列殿班。这叫他难以抑制心头的喜悦，纵然病重难行，也要起来梳洗一番，想要摆脱老衰模样，重整衣冠。原来，即便自己努力地忘却红尘，可要世人忘了他却也是很难。

即便到了六十花甲的年纪，辛弃疾也没有改变他的率直。此时的他俨然充满了骄傲，心中想的倒不是复官会带来多少好处，恰是朝廷对他的记挂——只要朝廷君王还记着辛弃疾，他心中的火苗就会重燃。

按官制，奉祠之官只是空拿俸禄不必亲自前往供职的虚衔，但是，武夷山冲佑观距离铅山不过百余里，与朱熹的沧洲精舍更是相近。也许，辛弃疾可以借着这个机会常去探望朱熹，甚至邀其同游武夷，看那"一水奔流叠嶂开，溪头千步响如雷"，谈诗论道，各得其乐。

得知辛弃疾复起就职，朱熹亦是欣慰的。两个老迈之人，实则永远不会放弃报效家国的志愿。那时，辛弃疾仍会向朱熹谈论起他念念不忘的北伐，他始终认为，宋金早晚必有一战，只看这等待的时日长短而已。

朱熹赠给辛弃疾两幅题字，一曰"夙兴夜寐"，一曰"克己复礼"，以激励其弥老不废之气。辛弃疾便将这两幅字高悬于书斋之中，时时仰望，盼望着还有东山再起的那一天。

庆元五年（1199）时，铅山一带因多有灾情，稻粱欠收，百姓们无米为炊，一时艰难。州府别无他法，只能派遣官员前来劝分，希望当地富户能接济一二。谁知官员才至乡里，却见已有人在开仓赈济，原来是当地豪杰傅为栋已经说服了诸多乡绅，一同恤灾。

对于这位在铅山结识的好友，辛弃疾一直尊称为傅岩叟。此人幼年亦读经史，但似乎对儒生之业并不十分热衷。因他心怀爱人利物之志，故此每每接济乡里、打抱不平，为乡人所敬畏，辛弃疾自然也对其敬服不已。

有了官职便有了向朝廷进言的机会，辛弃疾遂想着将傅为栋之事迹奏于朝廷，一可树立贤德榜样，二则也可为友人请得封赏。谁知，傅为栋听说辛弃疾的打算后，连连摆手，不许他作此议论。傅为栋一生无意功名，所谓急公好义、古道热肠，也只是顺从本心，但得乡邻礼敬即可，何必要那些朝廷虚名。

面对傅为栋的旷达，恐怕辛弃疾既钦佩又惭愧。毕竟，辛弃疾实在无法难以做到这般甘愿无闻，他始终都希望有人能记着自己。

那年中秋节后的一天，辛弃疾做了个奇怪的梦。他梦见有人赠送给他一架石制的屏风，颜色仿若白玉一般光亮细润，极为精美。石头上更有花纹，看去像是一头牛，正在伏首磨角准备格斗。

那人向辛弃疾说起了一则故事，道是湘潭之地曾有一个勇猛好斗之人，自号张难敌，因偶然与人搏斗败落，竟愤愤难忍，投河自尽了。三日之后，张难敌的家人前往河边祭奠，却见水中浮起一物，竟是一头壮牛。从此以后，那里的水边山石上便常常会出现这种斗牛的纹样。

梦里的辛弃疾被这个故事给吸引了，当即作了数百言的诗篇，以感慨张难敌因怨愤而生异变的传奇。可待他醒来之时，梦中的故事仍旧清晰，那篇诗作却不能记起，最终只能将此梦作词以记。

这一场梦显然是辛弃疾内心世界的映照。也许，梦里的湘潭斗士张难敌是辛弃疾出任湖南安抚使时曾听说的某个传闻人物的化身，但那头磨角的斗牛很可能就是辛弃疾自己。

多年前，在中原的那一片黄叶枯草间，叛徒义端和尚在被辛弃疾斩杀前就感慨他是一头青兕。南归以来，辛弃疾一直在磨角以待，却始终未能等到朝廷出师北伐的机会。张难敌赴河而死，化为石牛，或许恰是辛弃疾内心深处对自我的窥视。

年老的辛弃疾开始害怕，怕自己的壮志豪情终究不能实现，就像那张难敌水中化牛。

归朝欢·题晋臣敷文积翠岩

我笑共工缘底怒。触断峨峨天一柱。补天又笑女娲忙，却将此石投闲处。野烟荒草路。先生柱杖来看汝。倚苍苔，摩挲试问，千古几风雨。

长被儿童敲火苦。时有牛羊磨角去。霍然千丈翠岩屏，锵然一滴甘泉乳。结亭三四五。曾相暖热携歌舞。细思量，古来寒士，不遇有时遇。

在铅山县西有积翠岩，其山"五峰相对，五峰之东，由断玉峡二十余步，有石屹立，名擎天柱，又名状元峰"。

这年岁末，辛弃疾的友人赵不迁因江西转运副使任满归来，在积翠岩上修建起一间佛堂，辛弃疾时常与他拄杖相游。辛弃疾望着那巍巍高耸的擎天柱，忽然觉得有些可笑，不明白上古的共工为何如此恼怒。就因与颛顼争夺帝位不得，便要撞山而亡，摧倒了擎天柱，惹得女娲炼石补天，忙忙碌碌之中却又将这一块巨石遗忘在此处。在这荒凉偏僻的山野之间，辛弃疾拄杖而游，看那石上苍苔累累，不觉心生感慨，摩挲着问它风雨中究竟等候了几千年。

山里的孩童常常会敲石取火，偶尔也有牛羊用其磨角，想它也是被折磨得苦不堪言，但它依然是霍然而立的千丈岩石，石中一脉甘泉，流水清澄。若是在这里建几个小亭，在天气晴好的时候呼友相聚，宴饮歌舞，当是别具雅情。仔细想想，自来寒士们，有人怀才不遇，也有人宏愿得遂。

梦中的斗牛，山间的遗石，都是辛弃疾的精神象征。曾经与好友陈亮约定"看试手，补天裂"的他，不知道自己还能不能成为可以补天的顽石。若是真的被遗留乡里，终此一生，又有谁能平息他心中的遗憾？

庆元六年（1200）的春三月，天气刚刚转暖。辛弃疾还没来得及张罗与友人们醉饮山间，却收到了朱熹病逝建阳的消息。那一刻，辛弃疾正手握《庄子》之书慢读，乍听此信，书册怅然坠地。

面对年华老去，故人离世，年正六十的辛弃疾，应该早已学会看淡生老病死。他固然会伤心叹息，但不会悲恸欲绝。想朱熹一生之仕途际遇也多是坎坷波折，但其终能留下文章大道，足以光耀千古，正如那"江河流日夜，何时了"。

停灵数月后，朱熹的家人们最终决定在十一月间将其安葬于建阳。朝中一些人听到了这则消息，便上奏宋宁宗，认为朱熹在世时，"在浙东则浙东之徒盛，在湖南则湖南之徒盛"。待其死后，弟子们不论身在何方，都要设画像灵位以祭。如今朱熹落葬，想必四方伪学之徒都要前往送丧，到时聚会，必有种种妄谈，谬议时政得失。为此，朝廷颁令，命各地守臣严加约束，不许追随朱熹的文士学子们前往送葬。

不过，当朝廷的诏令下达之时，朱熹的弟子大多已来至信州，竟有千人之聚。他们听得此令，虽则愤慨却也不敢公然抗命，只得遥遥祭拜，而最终亲临送葬的，也只有少数秉性刚直的门生故交。

想当时情境，身居信州铅山的辛弃疾该是那个昂然不畏者。他亲自撰写了祭文，赞其"所不朽者，垂万世名。孰谓公死，凛凛犹生"，前往哭之。

这并非辛弃疾胆大包天，而是时局已有了微妙的变化。六年前，朱熹被罢去了侍讲，韩侂胄之辈闹起了一场所谓的伪学党禁。而自三年前置伪学逆党名籍后，韩党便也渐渐消停下来。如今，朱熹已身死人去，所谓"吃菜事魔"的蛊惑妖术都成为无稽之谈。

初秋时，曾有宋仁宗朝宰相、太师吕夷简六世孙吕祖泰击登闻鼓，上书宋宁宗，请斩韩侂胄以防祸乱。这不仅仅是因为朱熹的离世，更是因为吕祖泰的兄长、太府寺丞吕祖俭就是因为党禁而被贬岭南，客死他乡。

虽然韩侂胄对此大为光火，宋宁宗也将吕祖泰贬往连州（今广东清远连州市），但朝中诸臣的风评却有了转变。韩侂胄的一位姻亲，两朝宰辅陈康伯之孙陈景思私下提醒他，最好早开党禁，以免日后报复之祸，死而受辱。

这对韩侂胄几乎是醍醐灌顶，为长远计，他不得不开始考虑弛解党禁之事。岁末之时，韩侂胄便在给宋宁宗的奏议中声称，对于一些已经回心改过的伪党，可以暂给外祠，以求"融会党偏，咸归皇极"。

至于宋宁宗，此时也正陷入一种诚惶诚恐的境地。就在这年六月，他的生母，居于深宫的太上皇后李氏薨于内修道的精室，其尸身被抬出来时，宫中的女官都不肯给她换上皇后的翟衣。两个月后，一直疯疯癫癫、神思恍惚的太上皇宋光宗赵惇也驾崩了。紧接着，刚满六个月的皇子赵坦夭折，乃至宋宁宗颇为敬爱的皇后韩氏也悲痛而亡。

父母见背，妻儿离殇，更兼日中频现黑子，皆是不祥之兆。于是，宋宁宗决意改元，取《易经》"亨嘉之会""天地交泰"之寓意，将新的年号定为"嘉泰"，以期"爰辑美称，肇新端朔"。

虽然朝堂时局转变，辛弃疾却仍看不到自己再度出山的时机。想当初，宋高宗驾崩，辛弃疾起复主管冲佑观之后，他等了整整四年才得到了福建提刑的实职。如今，辛弃疾不知道自己是不是还要再等一个四年。

贺新郎

邑中园亭，仆皆为赋此词。一日，独坐停云，水声山色，竞来相娱。意溪山欲援例者，遂作数语，庶几仿佛渊明思亲友之意云。

甚矣吾衰矣。怅平生、交游零落，只今余几！白发空垂三千丈，一笑人间万事。问何物、能令公喜？我见青山多妩媚，料青山见我应如是。情与貌，略相似。

一尊搔首东窗里。想渊明、停云诗就，此时风味。江左沉酣求名者，岂识浊醪妙理。回首叫、云飞风起。不恨古人吾不见，恨古人、不见吾狂耳。知我者，二三子。

［宋］马远 山水图

又是一个百无聊赖的日子，辛弃疾独自坐在铅山家中的停云堂上，只有水声山色相伴，以为娱乐。停云堂之名取自陶渊明的《停云》诗，乃是思念亲友之意，而这一刻，辛弃疾确实想起了自己的故交。

辛弃疾越发觉得自己老迈无用了。这一生游走四方，交友无数，可叹如今都是老迈零落，更有人早已离去。白发三千丈，愁闷自然难免，却也只能用笑看人世的心情去开解。不知道这天底下，究竟还有何事值得欢喜。眼前的青山是那样自然淡泊，而它对此老翁或许也挺欢欣，此情此心，其实相近。

闲坐东窗，还是忍不住饮了一樽酒。想陶渊明当年写成《停云》诗时，大约也是这样的情境。那些在江南帝都求取功名的痴迷者，又有几人能看破这其中的道理？回首长啸，忽见云飞风起。辛弃疾并不怅恨见不到陶渊明那样乐在田园的古人，只是遗憾这些古人也不曾见过他的狂傲。想来，最终能了解自己的，也只有那三两个知己。

日子一天天地过去，闲居瓢泉的辛弃疾似乎还在惆怅地等待。他吟咏着陶渊明的诗篇，想用青山秀水来安慰自己，可还是忍不住要表达一些幽怨。那些被他轻嘲的追名逐利之人，实则也是他自己。他始终不能放下朝堂，那份只有二三子能够理解的狂傲，恰是孔夫子所指"狂狷者"。前代大家邢昺曾作疏曰："狂者进取于善道，知进而不知退。"好友朱熹则说："狂者，志极高而行不掩。"

这才是真正的辛弃疾。

嘉泰二年（1202）的春天，长达六年的伪学党禁终于得以弛解。宋宁宗追复赵汝愚为资政殿学士、太中大夫，赠少保，朱熹为华文阁待制，至于其他当年名列党籍名册的人，亡者追赠，在世者皆复官自便。而辛弃疾更听到一则消息：殿前都指挥使吴曦已被任命为兴州都统制兼出知兴州（今陕西汉中略阳县），这拨动了他北伐中原的心弦。

南归四十年，辛弃疾北伐中原、收复失地的盘算谋划中，汉中之地也是一个要塞。吴曦作为前陕西河东路宣抚吴璘之孙、利州西路安抚使吴挺之子，他的这一任职可谓意义非常。辛弃疾忍不住揣测：或许朝廷要与金国重开战局了。

这年八月间，吏部尚书袁说友授职同知枢密院事。辛弃疾虽然与之往来不多，但因袁说友是个性情中正之人，曾上疏为赵汝愚、朱熹鸣不平，故辛弃疾对其十分敬重。如今袁说友执掌军事，辛弃疾忙写了一封贺启，以表心意。

> 某瓜庐屏迹，药裹关心。属柄任之得人，与士类而增气。竿牍小夫之智，莫抒诵言；岩石具民之瞻，徒皆金瞩。毫端易窘，底里难倾。
>
> ——《贺袁同知启》

除了一些"智勇若子房，乃能决胜于千里；文武非吉甫，孰当为宪于万邦"的溢美之词外，辛弃疾最终想在贺启里表达的，却是自己渴望被起用的热忱。尽管他称自己隐居于瓜山草庐，老迈多病，但一直关心着朝廷的北伐大计。如今，袁说友出任军务要职，正可振奋士气。而辛弃疾的这篇竿牍不过是平常之人的干谒手段，纵然笔墨毫端上多有窘态，可心底的志向却丝毫未改。

此时的辛弃疾，已经是六十有三了。五月十一日那天做寿，他还填《临江仙》词感慨，道是"六十三年无显事，从头悔恨难追，已知六十二年非"。那时候，辛弃疾其实对起复外任并没有什么期待，他似乎也未想过要真的去求一个官。然而，一旦辛弃疾看到了北伐的希望，两度被黜的伤心失落也好，归隐山林的志趣也罢，都不再重要了。只要能够了却此生宏愿，纵然垂老病弱，辛弃疾也能够振翅飞起。

但是，这份贺启送出后数月，辛弃疾都没有得到回音。他那火热的心头，便又渐渐有些冷了。

癸亥元日题克己复礼斋

老病忘时节，空斋晓尚眠。
儿童唤翁起，今日是新年。

时至宋宁宗嘉泰三年（1203）的元日，清晨之时，老病的辛弃疾仍旧在那间空冷的克己复礼斋内沉睡着。他大约真的是老来疲惫了，昨夜未及守岁便已睡去，今日俨然忘却了时节。直到家里的小孙儿推门进来，将辛弃疾唤醒，他这才意识到已入癸亥新年。

瓢泉的山水还是那般模样，辛弃疾的生活依旧安稳。应当是乡人做媒，为了安顿晚年生活，辛弃疾在迁居铅山数年后又续娶了一房妻室。新夫人姓林，如今刚刚三十出头的年纪，辛弃疾笑称这段姻缘乃是"朱颜却对白髭须，两人百岁恰乘除"。

已经成年的儿女们都还算孝顺，对继母也十分恭敬，

[宋] 佚名 小庭戏婴图

这让辛弃疾省心不少。如今他膝下更有几个孙子孙女，平添了含饴弄孙的乐趣。辛弃疾惦念朝堂而不得，只能看着瓜山瓢泉，依旧过他的山居生活。

人间万事，都如烟云过眼。暮年生涯，唯有"宜醉宜游宜睡"之事最合心意。想来这一年辛弃疾所期盼的，除了趁早纳粮交税，安排好家中开支，就只剩下"管竹管山管水"的闲情逸致。

可没想到的是，就在铅山田头的稻穗抽芒、丰收在望的时候，辛弃疾竟等到了期待已久的朝廷诏命：起朝请大夫、集英殿修撰辛弃疾出知绍兴府兼浙东安抚使。

浣溪沙·常山道中即事

北陇田高踏水频，西溪禾早已尝新，隔墙沽酒煮纤鳞。

忽有微凉何处雨，更无留影霎时云，卖瓜声过竹边村。

北面的田垄是那样的高，为了灌溉，农人们只得不停地踩踏着水车。而西边低洼的水田边，人们已经开始品尝新收割的早稻。行程中不如暂时歇脚，闲坐墙下，炖上一锅细鳞鱼，正可小酌一番。

忽然间吹来一阵凉风，飘落几滴细雨，转而再看，却又天气晴朗，雨云散去。时已过午，心情慵懒，但听那卖瓜的吆喝声，穿过村边竹林。

　　嘉泰三年（1203）的六月初夏，在江南早稻收获之时，辛弃疾已行走在婺州常山（今浙江衢州常山县）道上。这是自信州东去，前往都城临安的必经之路。而见此丰收图景，想必辛弃疾一身的老朽病痛，都如空中之云消散殆尽，等待他的，是老骥伏枥的壮志可酬。

［宋］林椿 果熟来禽图

廉颇老
挑灯看剑
志未衰

凭谁问，廉颇老矣，尚能饭否

　　绍兴是多少文人名士所向往的古越之地，更是大宋朝廷的京畿之城。对于辛弃疾而言，出任此地的知州并成为浙东一带的帅臣，只怕是余生无憾。最重要的是，宋宁宗之所以将如此要职交付与辛弃疾，是因为朝廷真的要重提北伐了。

　　诚如一些僚属当初所言，因为所谓的伪学党禁，韩侂胄在朝中的声望日益丧失。而更令韩侂胄没想到的是，尽管最终弛解了党禁，可朝中质疑、反对的声音仍旧没有停止。若不能改变此种境况，韩侂胄数年来辛辛苦苦争夺到手的权势将会随风而散。

　　此时的韩侂胄，急需为朝廷立下一件盖世奇功，让自己的名字能够永远标榜史册。于是，他想到了北伐。

中原沦陷，宋室南渡已经整整七十六年了。这七十多年来，无论宋廷与金国是战是和，北伐都一直是朝中大事。那些臣子们，不管是主战派还是主和派，只要一提到"北伐"二字，就会立刻将其他事务抛之脑后，全神贯注地投入到对战事的评议上。而韩侂胄以为，只要北伐取得了一定的成效，不仅可以让朝中反对他的声音消失，更会使之成为不可动摇的领袖人物。

"国之大事，在祀与戎"。虽然几代大宋臣民都盼望着能收复中原，但在经过宋孝宗时隆兴北伐的失败后，朝廷已经安享了四十年的和平。如果此时与金开战，对于从来缺乏主见的宋宁宗来说，是一个极为艰难的决定。

为了说服宋宁宗，韩侂胄的党羽纷纷进言，一面称颂朝廷如何国富民强，可以一战；一面贬损金国，称其已然内外交困，战而必败。尽管当时朝中有少数的冷静者意识到此时北伐并不可行，但他们不是被韩侂胄封闭了言路，就是已被其笼络收买，用违心之言换取自己在朝中的地位。

自古以来，臣子一力主战的前鉴有很多：蜀汉的诸葛亮出师北伐，为的是重振汉室大业；东晋的刘裕北伐，为日后夺位立国积累了资本。可韩侂胄既不是诸葛孔明那般的赤胆忠臣，也不是刘裕这样的一代霸主，他力主北伐只是出于巩固权力的私心。至于战前审时度势的能力、战时运筹帷幄的才智，韩侂胄毫无半分，而他唯一的聪明之处，就是成功地利用了许多能臣武将那颗炽热的北伐之心。其中最令韩侂胄得意的，就是将大名鼎鼎的恢复之臣辛弃疾和陆游罗致于门下。

嘉泰三年（1203）六月十一日，辛弃疾抵达绍兴府会稽县，下马拜印后，便开始视察民情，考核州治，一时间查出往年州府施政的种种不妥之处，多有害农之嫌。于是，他弹劾了一位前任大吏，称其在任四年，多取面米六十万斛、钱百余万缗，别贮仓库，欺瞒朝廷。

如此魄力，如此气势，六十四岁的辛弃疾仿佛找回了三十年前出知滁州时斗志昂扬的壮岁豪情。而在会稽城内，辛弃疾也终于得以和同怀北伐壮志的前辈陆游一叙衷肠。

比辛弃疾年长十五岁的陆游，如今真的是个耄耋老者了。二人回忆起四十年前隆兴北伐时关于战事论述的政见矛盾，此时恐怕都要一笑了之。

这四十余年里，陆游与辛弃疾都是几经沉浮。他们眼睁睁地看着朝廷一日日松弛了抗金之心，愁闷痛苦想必也是一样的。现今终于盼得朝廷北伐，七十九岁的陆游空余壮志，只能将重任都托付给辛弃疾了。那时，陆游一定会同辛弃疾说起他对北伐的见解，也一定会论及韩侂胄其人。

前一年，朝廷为编修宋孝宗、宋光宗之两朝实录以及太祖、太宗和真宗三朝国史，将罢官退居十三年的陆游召入临安，担任同修国史、实录院同修撰之职。当时，韩侂胄已经开始笼络朝臣，运作北伐之事。陆游对其虽然没有阿谀奉承之心，但毕竟事关恢复大计，他内心里的天平难免所有倾斜。

为此，陆游曾几次前往韩侂胄的私人别苑南园宴饮，更在其寿宴上作诗以贺，称韩侂胄是"身际风云手扶日，异姓真王功第一"。虽然这遭到了许多清高文士的嘲讽，尤其是曾被韩侂胄打击的道学中人，更认为陆游是晚年失节，风骨丧尽，但陆游知道，他实在是无法抑制那颗期盼北伐可成的心。

至于辛弃疾，自与陆游是同一副肝肠。

汉宫春·会稽秋风亭怀古

亭上秋风，记去年袅袅，曾到吾庐。山河举目虽异，风景非殊。功成者去，觉团扇、便与人疏。吹不断，斜阳依旧，茫茫禹迹都无。

千古茂陵词在，甚风流章句，解拟相如。只今木落江冷，眇眇愁余。故人书报，莫因循、忘却莼鲈。谁念我，新凉灯火，一编太史公书。

嘉泰三年（1203）的秋来之时，辛弃疾在会稽城内建起了一座秋风亭。他立于亭上，任西风袅袅吹拂，想起去年此时的瓢泉山居。那时，他还在感叹功业无望，如今却已统帅一方。虽然眼前的山川形势与铅山大不相同，可是他渴望山河统一的心境却未改变。自古以来，功成身退都是常见之事，犹如秋来纨扇，总会被人收起。

兩郭烟村白水環迷
雜紅葉間蒼山恍閬名
口清猿喉良嶽秋光想
像間 御題

〔宋〕赵佶 溪山秋色图

在这西风不断、斜阳依旧的茫茫天地间，大禹治水的功业与遗迹也无处可寻了。

千年之前，汉武帝刘彻曾作秋风辞赋，也算得风流佳句。可到如今，人们只会说这些辞章不过都是在效仿司马相如。无边落木，萧萧而下；江水寒冷，茫茫无涯。亲友传来书信，劝人休要太过沉迷宦海，莫忘了鲈鱼莼菜之情。可又有谁能理解辛弃疾的本心，纵然夜来孤灯相守，读一卷《史记》，也只为参透历史风云。

辛弃疾曾经以史为鉴，对大宋朝廷的未来做出了预判。他固然渴望着北伐中原，但也清楚地知道，眼前恐怕还不是兴兵的最佳时机。辛弃疾要在朝廷正式开战前，竭尽全力地做好各方筹备之事。

来到会稽后，在处理州政事务的同时，辛弃疾数次派遣细作前往金国，刺探敌人兵马之数、屯戍之所、将帅之名，以及粮草军资的储存之地。这些都是辛弃疾自宋孝宗乾道年间上呈《美芹十论》和《九议》时就一再强调的"知己知彼"的战略。辛弃疾渴望着与金国一战，夺回中原，但他却不希望朝廷操之过急，以免重蹈"隆兴北伐"的覆辙。

这年的腊月二十八，一如往昔，辛弃疾接到了朝廷召赴临安的诏命。临行前，他特意探望了陆游。辛弃疾预感到，此次见驾，不管自己的策论是否会得到宋宁宗的认可，恐怕朝廷都不会再放他重归会稽了。

辛弃疾一直觉得陆游居住的草堂太过素朴，想在走之前为其新建一处房舍，却被陆游婉拒了。这些年，陆游早已习惯了这孤村清贫的生活。即便是冬日寒夜里，亦有"溪柴火软蛮毡暖"，正好怀抱狸奴梦河山。

想来那一天，辛弃疾与陆游定然秉烛相谈直到深夜。辛弃疾依然对韩侂胄的为人有些担忧，他无法相信，这样一个看重私利权势、为排斥异己而不择手段的人，能够担起北伐的大任。陆游却很乐观，他再三劝解辛弃疾，不要因为韩侂胄曾经排挤陷害道学诸人而对其过于厌恨。人孰无过，眼前他们最需要的是韩侂胄对北伐大计的支持，不可因小失大。

就这样，辛弃疾带着陆游"但令小试出绪余，青史英豪可雄跨"的殷殷勉励，于嘉泰四年（1204）的新春岁初来到了临安，入见宋宁宗。

此番殿前对策，辛弃疾向宋宁宗说起的只有两件事：一为盐法，一为军事。盐法是朝廷税收之本，军事则是眼前要务，无论哪一件，都是辛弃疾这些年来潜心钻研过的，而对策中最关键的，还是辛弃疾关于金国必亡的论断。

时至今日，与宋廷南北对峙近八十年的金国也早就不像当初那样强悍了。自金世宗完颜雍于大定二十九年（1189）驾崩后，十多年来，继任的皇太孙金章宗完颜璟一直倡导文治，修正礼乐，尊崇儒术，而草原铁骑的彪悍之风早已不存。此后，又因金章宗宠爱元妃李师儿，导致外戚专权，朝政日益腐败，露出盛世转衰之象。

与此同时，金国之北的蒙古草原上，乞颜部可汗铁木真已打败了十二部联军推举的众汗之汗——古儿汗札木合，消灭了塔塔儿部、泰赤兀部以及克烈部，眼看着就要称霸草原。为此，辛弃疾奏请宋宁宗任用熟知两国情势的元老大臣，早做准备，以为应变之计。一旦时机合适，便可与金一战，收复中原。

只是，辛弃疾所言的合适时机，是等待金国自生内乱之时。在此之前，宋廷需要做的，便是修兵屯粮，积极备战。至于将朝政交付与元老大臣的言辞，恐怕正是辛弃疾给予宋宁宗的婉转暗示：恢复中原的大业当由像自己这样为北伐筹谋多年的老将来主导，不可亲信韩侂胄等轻脱寡谋之辈。

然而，宋宁宗根本不能领会辛弃疾的意思。更为甚者，宋宁宗也不是北伐的最终决策者，他只是在听从韩侂胄的安排罢了。

执掌朝政的太傅韩侂胄听到辛弃疾的言论时，那些细致严谨的推论几乎都被他忽略了，而荒唐地得出了两个结论：金国亡国在即，北伐当下可行。

觐见宋宁宗后，辛弃疾便加授为宝谟阁待制，提举佑神观。随后果如辛弃疾所料，朝廷并未让他返回绍兴，而是令其出知镇江府。

离京赴任前，时任浙西安抚司公事的友人陈景思邀辛弃疾到府上一叙，将其祖父文正公陈康伯于宋高宗绍兴三十一年（1161）金废帝完颜亮兴兵南侵之时代宋高宗草拟的《绍兴辛巳亲征诏》拿了出来。

四十多年前的那一场宋金之战，正是辛弃疾聚众起义、回归朝廷的开端。他仍记得，初归朝廷时陈康伯正任左丞相，受其保举，辛弃疾才得了右承务郎的官衔。故此，辛弃疾也算是陈康伯的门生了。如今再见陈康伯的手书，辛弃疾唯有感慨万千。

> 使此诏见于绍兴之前，可以无事仇之大耻；使此诏行于隆兴之后，可以卒不世之大功。今此诏与此虏，犹俱存也，悲夫！
>
> ——《读亲征诏草跋》

嘉泰四年（1204）三月，受陈景思之邀，辛弃疾以门生之身份题跋于陈康伯手书《绍兴辛巳亲征诏》。年已垂暮的他回忆起当初种种，禁不住忧愤悲慨：若是宋高宗在绍兴初，岳飞北伐之时有着亲征的决心，恐怕就不会发生绍兴和议，向金国俯首称臣的大耻。若是宋孝宗隆兴北伐失败后可以不惧小挫，领兵亲征，恐怕早已建下恢复中原的不世大功。可惜，两代君王都未能把握住时机，才使得这份亲征诏与金国敌寇都留存至今，真

[宋] 赵黻 长江万里图（局部）

是令人可悲可叹。

此时，朝廷终于又起北伐之意，可辛弃疾心里明白，自己是注定看不到功成之日了。若是当下开战，只怕宋廷必败；可要等到那合适时机，恐怕辛弃疾早已离世。他只能带着一份早已预见的悲痛，前往守国要冲之地——镇江京口（今江苏镇江京口区）。在生命的尾声里，哪怕将最后的热血都抛洒干净，辛弃疾也要为大宋争取到更多的胜机。

"京口瓜洲一水间，钟山只隔数重山。春风又绿江南岸，明月何时照我还？"这是一百三十多年前的宋神宗熙宁年间，荆公王安石几度封相又几度罢归时的诗作。尽管他的变法革新引起了无尽的争端，却不妨碍其一颗挚诚报效之心，以及对中原都城的思念。

今日，被朝廷誉为"卷怀盖世之气""剂量济时之策"的辛弃疾来到了京口。他登于北固楼上，面对着滚滚东流的长江，眺望着遥远的中原神州，发出了"天下英雄谁敌手，曹刘。生子当如孙仲谋"的豪言。尽管京口"地之瘠，民之贫，然酒可饮，兵可用"，正好让辛弃疾大

显身手。

辛弃疾深知朝廷兵马自隆兴北伐、符离之溃后便丧失了斗士，兵卒大多是容易弃甲逃亡的胆怯之徒。于是，他将禁军列屯江上，以壮军威。而后造红衲衣一万件，从沿边之地招募乡兵土丁，训练成真正可以渡江御敌的兵卒。只因这些人生活于两国刀兵频发之地，自幼便懂得骑马射箭，不似偏安之民，一遇金贼便已胆寒。至于遣谍至金，深入幽燕之地查探军情的举措，辛弃疾也从未停止。

这年岁末，宋宁宗赵扩为效法宋太祖开宝年间统一山河之志，承袭宋真宗天禧时代盛世昌明之福，决意于次年改元开禧。而满朝文武也都明白了帝王的心意：他即将兴兵北伐，以收复中原，一统天下，开创盛世。可是，这盛世究竟能否顺利到来，大家心中却都没有底。

开禧元年（1205）的二月将尽之时，京口的北固亭上，春风已有些和煦。辛弃疾正与几位亲信之人雅宴小聚，他唤来三五歌姬，命她们将自己昔日所作之词选来弹唱。席上之人因问辛弃疾最爱自己的哪一阕词。辛弃疾略略

[宋] 赵黻 长江万里图（局部）

一想，只道自己十分钟意在铅山瓢泉停云斋所作《贺新郎》词中的那一句"我见青山多妩媚，料青山见我应如是"。

于是，歌姬们牙板轻敲，琵琶缓弹，清笛慢吹，细细地将词曲唱了起来。待吟至"不恨古人吾不见，恨古人、不见吾狂耳"，忽听辛弃疾放声大笑，不住地拍着自己的大腿，真是一副狂生模样。那一天酒宴将散的时候，辛弃疾又唤人取来纸笔，新作一词。

永遇乐·京口北固亭怀古

千古江山，英雄无觅孙仲谋处。舞榭歌台，风流总被雨打风吹去。斜阳草树，寻常巷陌，人道寄奴曾住。想当年，金戈铁马，气吞万里如虎。

元嘉草草，封狼居胥，赢得仓皇北顾。四十三年，望中犹记，烽火扬州路。可堪回首，佛狸祠下，一片神鸦社鼓。凭谁问，廉颇老矣，尚能饭否？

千古江山依旧在，可哪里还寻得到当年称霸江左、开国东吴的英雄孙权孙仲谋。六朝的烟雨繁华，多少风流豪迈，终究被雨打风吹而去。斜阳映照着草树，那寻常人家的街巷里，据说曾是南朝第一帝刘裕刘寄奴的住

处。遥想当年，他也曾指挥千军万马，北伐中原，吞吐万里的气势犹如山间猛虎。

谁承想，皇位刚传到刘义隆的手中，便有了元嘉年间仓促北伐。他原以为可以像汉武帝一样封狼居胥，结果却落得惨败，面对着直抵长江的北魏军马，只能仓皇北望，浑然无助。而四十三年前，辛弃疾也是在中原的战火烽烟中，自扬州回归朝廷。想起这一切，真有些不堪回首。

那魏太武帝拓跋焘修建于瓜埠山下的行宫已成了百姓们供奉神祇的佛狸祠，庙里的乌鸦叫声和着喧闹的鼓声，听来好不热闹。此时，还有谁会来问上一问：廉颇将军虽然已经老去，可他的身体是否强健如故，他是否仍能为国效命，再度上阵讨贼杀敌？

此时的宋廷已是厉兵秣马，准备发起对金的战争。可是，四十多年来一心念着北伐、盼着北伐的辛弃疾偏偏生出了悲观和怨愤。

前一年的春夏之际，朝廷颁诏，命辛弃疾于镇江府为蕲王韩世忠修建一座供奉庙宇。随后不久，宋宁宗便下旨，追封岳飞为鄂王。与此同时，朝廷军队于宋金边境上披坚执锐，甚至多次挑衅，丝毫不肯掩盖北伐的意图。这看似是显示了朝廷上下众志成城的决心，实则是极为愚蠢地暴露了宋廷与金开战的目的。而金人虽然一直以隐忍的态度面对宋军在淮北一带的骚扰，但他们也于暗中准备好了应敌之策略。

　　辛弃疾曾经根据派去金国的细作所传回的消息，将金国的兵马部署记录于一方锦册之上，他由此推测金国虽然内政不稳，但兵马措置仍未懈怠。深谙军事的辛弃疾越发感到不安：在他看来，若按眼前形势，对金用兵恐怕仍要在二十年后，而朝廷此时北伐其实冒着极大的风险。更何况，尚未开战却已向敌国暴露企图，使其防备有余，更是用兵大忌。辛弃疾甚至已经预见到，此番征战将会重蹈南朝刘义隆元嘉北伐的覆辙，落得个仓皇败落的结局。

　　当然，更令辛弃疾伤心的是，在如此重要的时刻，宋宁宗并没有听取他曾经的奏请，启用像他这样深知两国军情的老臣。当时朝中主管军事的枢密都承旨苏师旦、同知枢密使程松以及襄阳统帅郑挺等人，都是不堪军政大事的短视之徒。

　　想战国大将廉颇，虽然年老，仍能一饭食一斗米、十斤肉，披甲上马以示可用，结果却被那奸诈的使者用"三遗矢"的谎话，断送了再度出征的梦想。如今，辛弃疾就是大宋的廉颇。

　　辛弃疾知道，韩侂胄早前对自己的重用，实则是想利用自己四朝老臣及在军政事务上的威望，为其北伐制造声势。一旦宋宁宗同意用兵，辛弃疾便会成为弃子。

　　果不其然，三月时，因通直郎张言英有不法之举，导致曾经向朝廷举荐过他的辛弃疾以缪举之过降官两级。
至六月时，又有臣僚弹劾辛弃疾"好色贪财，淫刑聚敛"，
朝廷遂将其改知隆兴府，旋即罢官，仍旧奉祠。由此，
起复刚刚两年的辛弃疾，就这样被送回了他的第二故
乡——江西上饶。

瑞鹧鸪 · 乙丑奉祠归舟次余干赋

江头日日打头风，憔悴归来邴曼容。郑贾正应求
死鼠，叶公岂是好真龙。

执居无事陪犀首，未办求封遇万松。却笑千年曹
孟德，梦中相对也龙钟。

开禧元年（1205）的七月间，辛弃疾再一次被贬离朝。
他自京口逆江而上，每日迎对的恰是清寒的西风，那憔
悴模样，俨然是汉朝时那个养志自修的邴曼容。可笑自己，
就像那郑国的商人，以为自己买的是璞玉，结果却是死鼠。
至于朝上君王，则是好龙的叶公，所求的并非真正的贤臣。

从今后，就学那战国时的犀首公孙衍，无事之时便
只饮酒。慨叹这一生既不能似春秋时的长万急君之难，
又不能似汉时的张竦张伯松因谄媚而封侯。只能笑话那
"老骥伏枥，志在千里"的曹操，若是梦中相见，是否
彼此都是一样的老态龙钟？

"烈士暮年，壮心不已"的辛弃疾在无尽的自嘲中
又一次归去了，带着无尽的遗憾、愁闷与担忧。他怨恨
君王对自己是何其不公，甚至公然地讽刺其为好龙的叶

公，可心底却始终放不下朝廷的未来，害怕再不能为之报效万一。

宋宁宗开禧二年（1206）的春天，远在蒙古的斡难河的源头之上（今蒙古国肯特省一带），一统草原的铁木真正式登基，成为蒙古国大汗，尊号"成吉思汗"。与此同时，大宋朝廷的军队在平章军国事韩侂胄的统帅下，分东、中、西三路兵马，正式向金国宣战，誓要夺回中原，重振河山。金国随即应战，颁布了南征诏书，称韩侂胄此举"败三朝七十年之盟好，驱两国百万众之生灵"。

然而，宋军在经过东路军泗州大捷的短暂胜利后，便彻底陷入了战争的泥潭。中路军统帅皇甫斌本是纸上谈兵之流，因求功冒进，被早已埋伏的金兵一举击溃。

令韩侂胄乃至满朝君臣更没想到的是，掌管西路兵马的四川宣抚副使兼陕西河东路招抚副使的吴曦，竟然为了重新获取在四川的权势地位，暗中投靠了金人，以求割据称王。

没有了中路和西路的后顾之忧，金人遂集中兵力于东线，宋军连连败退，至六月间已溃不成军。这一场明明由宋廷发动的北伐战争，至此已演变成新一轮的金兵南侵。而当韩侂胄罢免了苏师旦和邓友龙东路军的指挥之职后，继任的两淮宣抚使、签书枢密院事、督视江淮兵马的丘崈却选择了退守议和。

就这样，宋宁宗开禧北伐的最高统帅韩侂胄，成了朝中最为孤立无援的人。无奈之下，韩侂胄只能与金和谈。但是，金人在开出"世为伯侄之国，增岁币为三十万，犒军钱三百万贯"的议和条件外，更附加了一个前提：他们要韩侂胄的项上人头。

这年的夏秋时节，归居铅山的辛弃疾忽然收到江陵知府兼两浙东路安抚使的任命。到此时，宋宁宗和韩侂胄才真正相信了辛弃疾关于北伐的所有论断。但是，即便辛弃疾深知江淮战况的惨烈，即便他为大宋的再一次败落而心痛泣血，可大局已定，六十七岁的老者除了悲恸与恼怒外再也无能为力。最终，辛弃疾选择了辞免不赴。

大约是为了乞求列祖列宗的保佑，九月间，宋宁宗朝飨于太庙，祭天地于明堂，同时大赦天下，封赏元老。辛弃疾以此进封为历城开国县男，终于得到了一个爵位。可是他却真的只想着告老还乡，了此残生。

了却君王天下事，赢得生前身后名

辛弃疾的一生，见证了宋金两国间的三次大战。第一次是宋高宗绍兴末年金废帝完颜亮南侵，那时大宋明明赢了，却要主动和谈。第二次是宋孝宗隆兴北伐，可惜战败，只得忍辱求和。而今这场所谓的"开禧北伐"虽未彻底结束，可辛弃疾却再也不愿意为那注定的终局而苦恼忧愁了。

在辛弃疾被封为历城开国县男后不久，他便作诗明志，有了向朝廷乞求告老还乡的打算，道是"西山病叟支离甚，欲向君王乞此身"。但是，宋宁宗似乎并不想让辛弃疾就这样归去，反而于次年开春时节又进其为龙图阁待制，知江陵府，先行前往临安奏事。

大概是为了能亲眼目睹叛将吴曦被斩首，辛弃疾拖着老病的身躯赶到了临安，和吏部尚书兼给事中陆峻等人一同议定了吴曦及其族人的罪名。随后，宋宁宗恢复了辛弃疾朝请大夫之职，又任其为兵部侍郎，继而又进为朝议大夫。可无论如何，辛弃疾都决意辞免离朝，乘一叶扁舟，向着铅山飘去。

也许那时的辛弃疾已经预感到自己时日无多，想将剩余的时光交付与田园山居。又或者，彼时的朝堂上正为了如何与金议和、是否斩杀韩侂胄闹得波澜四起，而辛弃疾无论如何也不想趟这浑水了。

自从南归，宦海波涛，几番起落。多少次，辛弃疾在他的诗词中吟念着鲈鱼莼菜之思，而今终得在秋风起时，彻彻底底地归去。他再也不会像往昔那般，一听见朝廷的号令，就忙着"扶病脚，洗衰颜"。他想在生命的最后时刻，将一切都归于平淡如水的境界，就像中原故乡济南的泪泪清泉。

洞仙歌·丁卯八月病中作

贤愚相去，算其间能几。差以毫厘缪千里。细思量义利，舜跖之分，孳孳者，等是鸡鸣而起。

味甘终易坏，岁晚还知，君子之交淡如水。一饷聚飞蚊，其响如雷，深自觉、昨非今是。羡安乐窝中泰和汤，更剧饮，无过半醺而已。

时入开禧三年（1207）八月，辛弃疾已经重病在床，执笔的手大约都有些颤颤巍巍了。在生命最后的时刻，他所思所想的，当是人这一生唯一难以逃脱的事情——身后之名。

都道人有贤愚之分，可若要问这中间能相差多少，恐怕是差之毫厘，便会缪之千里。仔细想想，取义或取利，正是区分圣人舜帝与窃贼盗跖的根本。可他们为了自己的功业，都是孜孜不倦，鸡鸣即起，乍看之下好像没有区别。

再甜美的醴酒最终都会腐坏，到了老年才真的明白，君子之交就该淡泊如水。吃饭的时候，空中成群的飞蚊声响如雷，这就像遭遇了朋党诬陷，再刚强的人也容易摧折。看起来，过去作为真都是错的，还是老归田园才算正确。此时真叫人羡慕安乐先生邵雍，可以在他的安乐窝里饮着美酒，只求个微醺半醉。

"峣峣者易缺，皎皎者易污"。尽管辛弃疾早已在宦海风尘里经历了这些，却也是知易行难。此时的他，卧病于瓢泉家中的秋水院，温习着《庄子·秋水篇》，尝试着悟彻那泯是非、等贵贱、齐物我的道理。他一时安慰自己"此堂之水几何其，但青溪一曲而已"，一时又慨叹"世间喜愠更何其，笑先生三仕三已"，终究还是不能彻底放下。

九月初，只因韩侂胄妄图将这一场毫无意义的战争继续打下去，以求保住自己的身家性命乃至那些割舍不下的权力。这时候，他又想起了辛弃疾，遂授其枢密院都承旨之职，命辛弃疾速赴临安奏事，以为这匹伏枥的老骥仍能为自己所驱使。可是，当诏书送达铅山瓢泉之时，辛弃疾已然不在人世。

开禧三年（1207）九月初十，辛弃疾病逝于铅山瓢泉家中的秋水院，归葬阳原山中。而他当时所得身后之名，乃是朝廷所赐的"对衣金带，守龙图阁待制致仕，特赠四官"。

这年十一月初三，前朝宰辅史浩之子、礼部侍郎史弥远在宋宁宗第二任皇后杨氏的授意下，命中军统制、权管殿前司公事夏震等人在韩侂胄上朝之时将其截杀，随后禀报于宋宁宗。而大宋朝廷便拿着韩侂胄的项上人头，换取了与金国的和议砝码，再次以屈膝换来了苟且安宁。

宋宁宗嘉定元年（1208）三月，宋金"嘉定和议"终于达成。与此同时，摄给事中倪思弹劾辛弃疾，称其当初附会韩侂胄，妄议北伐，乃至兵败，实则朝廷的罪人，恳请追削辛弃疾爵秩，夺从官恤典。

多年之后，辛弃疾第五子辛穰曾一度为其父辩谤，可直到辛弃疾卒后二十六年，即宋理宗绍定六年（1233）权相史弥远死后，辛弃疾才重新获得朝廷的赠官。

一年之后，宋廷与蒙古联盟，合兵灭金。随后，蒙古大汗窝阔台以宋廷背约为由，挥兵南下，开始了宋蒙之间四十多年的争夺天下的大战。而此时，距离辛弃疾于滁州任上提出的"雠虏六十年后必灭，虏灭，而宋之忧方大"之论，整整六十二年。

然而，六十二年后即将灭亡的大宋朝里，还有几人记得辛弃疾的真知灼见？百年后、千年后的人们，又有多少人会了解到一个真实不虚的辛弃疾？

也许，对于更多的人而言，了解辛弃疾只是通过初中课本上的那一阕词。

破阵子·为陈同甫赋壮词以寄之

醉里挑灯看剑，梦回吹角连营。八百里分麾下炙，五十弦翻塞外声。沙场秋点兵。

马作的卢飞快，弓如霹雳弦惊。了却君王天下事，赢得生前身后名。可怜白发生。

宋哲宗淳熙十年（1183）的春夏之际，当时四十三岁的辛弃疾已罢官归居，在带湖稼轩里徜徉。好友陈亮寄来一信，叙起别后之情，又慨叹起功名未得。但陈亮更在意的是，为什么辛弃疾常常给其他友人寄送词作，偏偏对他"不能以一纸见分"。为了安抚这位任性的知己老友，辛弃疾写下了这阕千古名词《破阵子》，赠寄而去。

对于那时的辛弃疾和陈亮而言，只能在每日醉酒之时挑灯看剑，于睡梦中幻想号角声声的军营。把炙烤的牛肉分给众军士享用，鼓起五十弦的琴瑟，奏起塞上军乐的豪迈之音，在秋日的沙场上检阅三军。

战马如的卢马一样跑得飞快，弓箭离弦的声音如霹雳一般。待上阵杀敌，了却了君王收复山河的天下大势，便可赢得生前身后之美名。可最终，可怜他们事业未成，却白发已生。

而今再看，这词中雄壮慷慨的声音，当是辛弃疾一生的梦想，也是辛弃疾一生的遗憾。至于后人敬奉给他的豪放词人、词坛飞将、词中之龙诸多身后之名，也不知究竟合不合稼轩居士的心意。

不过，纵然朝堂刀光剑影已暗淡，沙场鼓角铮鸣已远去，在中国历史与文学的时空中，将永远镌刻着辛弃疾的名字。